合格力アップ!

公立中高一貫校

頻出ジャンル別
はじめての適性検査

「社会分野」問題集

公立中高一貫校
合格アドバイザー ケイティ＝著

実務教育出版

はじめに

はじめまして！ この問題集を書いたケイティです。

本書では「KT犬」としてたくさん登場するので、いっしょに楽しみながら適性検査の対策をしていきましょう。

みなさんは、適性検査の問題を解いたことはありますか？

解いたことがある人は、「適性検査って面白い！」と思う一方で、「どう対策していけばいいんだろう…」という気持ちになったのではないでしょうか。この本では、小学校で習う知識が適性検査でどう使われるのかを、わかりやすくまとめています。この1冊で合格に必要な知識の土台を作り、厳選した過去問で演習することで効率よく力をつけていくことができますよ。

まだ解いたことのない人は、これから志望校合格に向けて、適性検査の"専門家"に変身していく必要があります。そのための第一歩の本だと思ってください。

適性検査の社会分野では、小学校で習った知識をさらに発展させ、身近な施設やサービス、制度、文化などからも出題されます。

たとえば、
・地域ごとの伝統的な食事を受けつぐ方法
・商店街の活性化のための取り組み
・少子化の対策として行われているサービス

など、あなた自身が興味や関心を持って社会に目を向けていないと気づかないようなテーマも、多数登場します。

この問題集では、身の回りの社会のどんなところに注目してほしいか、「合格力アップのコツ」で紹介しているので、世の中の課題について考えるきっかけにしてくださいね。そして、保護者の方ともたくさん話をしましょう。「お母さんの会社ではどんな取り組みがある？」「おじいちゃんが子どものころはどうだった？」と、社会の在り方や移り変わりについて聞いてみてください。社会分野の問題を解くときに使えるヒントは、日ごろの生活や会話の中にありますよ。

また、知識として知っていることが増えたとしても、それを相手にわかりやすく説明する力が求められるのも、社会分野の難しさです。持っている関心や知識の量

と、説明能力、その両方をバランスよく伸ばしていく必要があるのです。解答例、解説をよく読んで、記述の仕方を真似するようにしてください。

「説明を書き過ぎてしまう…」「どう書けばいいかわからない…」「一生懸命書いたのに部分点しかもらえなかった…」というような悩みは、これまで受検した先輩たちの多くが抱えていました。でも、練習すればきちんと上達して点につながっていくのが社会分野の楽しさです。

算数や理科とはちがって、社会分野は難し過ぎて解けない、ということはまずありません。きちんと資料を読み取り、身近な社会とのつながりを想像し、わかりやすく説明することができれば、必ず得点源になるので、この1冊をしっかり取り組んで自信につなげていきましょう。

この問題集では、ほとんどすべてのページに、表やグラフなどの資料が登場します。資料から読み取れる内容は無数にありますが、「このテーマではこういう答えを書いてほしい」という"模範解答"があります。

木を見て森を見ず、ということわざもありますが、グラフの細々したところばかりに注目するのではなく、出題者の意図を推測し、大まかな移り変わりや、資料ごとの関係性を俯瞰して（高いところから見渡すような視点で）とらえる必要があります。

この先、どんな資料問題が出ても、「あの問題集で見たことがある！」と自信を持って模範解答に近い記述が書けるよう、さまざまなジャンルを網羅してたくさんの資料にふれられる問題集にしようと考えて、この本を作りました。

本書が、これから始まる受検生活の心強いパートナーになることを願っています。

公立中高一貫校合格アドバイザー
ケイティ

合格力アップ！

公立中高一貫校
頻出ジャンル別はじめての適性検査
「社会分野」問題集

もくじ

第1章 さまざまな資料

第 **2** 章 暮らし

第3章 生産とネットワーク

第**4**章 未来

　これからキミが対策を始める適性検査には、「学校のテストとはちょっとちがう」と感じるような問題がたくさん登場するよ。また、長い会話文がセットになっていたり、ヒントがグラフにかくれていたりするので、「どんな知識を使って解くんだろう？」と解読するところから始まるんだ。そんなちょっと変わった適性検査に少しでも慣れるように、この問題集では、同じジャンルの問題ごとにグループ分けしているよ。まずは覚えるべきポイントをつかみ、例題や実際の過去問で練習していこう。この1冊が終わるころには、「社会」分野に出てくるさまざまなタイプの問題が得意になっているはずだ！　一緒にがんばろうね。

登場人物

KT犬

甘いものには目がない
適性検査のスペシャリスト

少年

社会は好きだけど、
記述は苦手

少女

社会をもっと得意分野に
すべく、がんばっている

取り組みの流れ

❶ まずはポイントをつかもう！

> 学校で習うことの中で、特に適性検査にもよく登場する言葉をおさらいしよう！

完璧に覚えて
おきたい言葉 ──

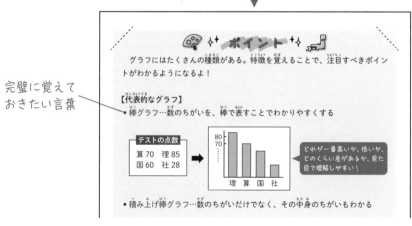

まずは基本が
大事！

❷適性検査ならではのコツを伝授！

志望校合格に向けて、覚えておいて
もらいたいことをまとめたよ！

👉合格力アップのコツ

・たとえば、棒グラフなら「数のちがいに注目してほしい」というねらいがあり、折れ線グラフなら「変化に注目してほしい」というねらいがある。このような特徴を知ってグラフを読み取り、記述をすることで得点につながりやすくなるよ。

・適性検査では複数の種類のグラフが1つに組み合わさっていたり、5つ以上のグラフを同時に読み取ったりすることもあるので、今のうちに1つひとつの特徴を覚えておこう。

・「変化」や「ちがい」を表すグラフは、「一番大きな変化・ちがい」があるところに注目するのがコツだよ！

メモメモ…

❸確認したポイントを使って、例題を解いてみよう！　巻末にある解答欄を使ってね。

ちゃんと理解できているか、
基本問題でチェック！

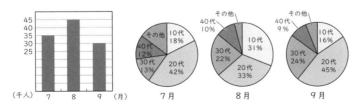

✏例題

No.1
　次の資料は、あるテーマパークの入場者数と、入場者の年れいの割合を表したグラフです。この資料を見たこはるさんは、「20代の入場者は8月が一番多い」と考えました。
　この考えが合っているかどうか、答えましょう。また、どのような計算をしたか、式や言葉を使って説明してください。

No.2
　次のことがらをグラフにするとき、ふさわしいグラフの種類をそれぞれ①～⑤の中から選びましょう。

難しく
考え過ぎず、
シンプルに
答えよう！

❹巻末にある解答欄を使って、過去問に挑戦しよう！

ポイントや例題で身につけた知識で、実際の過去問に挑戦だ！

おっ！解けるかも!?

面白い問題がいっぱい！

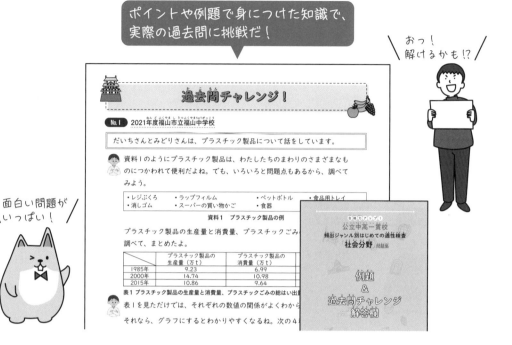

解答・解説の使い方

本書は、例題のあとに解答・解説、過去問チャレンジのあとに解答・解説があるので、取り組んですぐに解き方を確認できるようになっているよ。解きっぱなしにせず、しっかり自分でマル付けをしてから次に進もう！

解説の確認が一番大切！

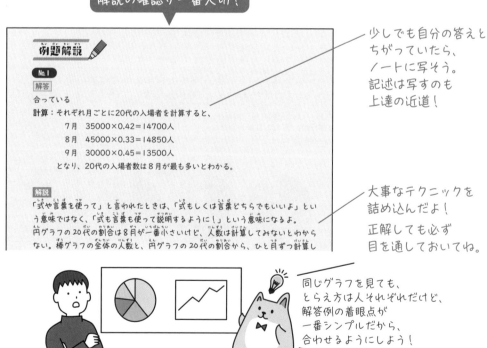

少しでも自分の答えとちがっていたら、ノートに写そう。記述は写すのも上達の近道！

大事なテクニックを詰め込んだよ！正解しても必ず目を通しておいてね。

同じグラフを見ても、とらえ方は人それぞれだけど、解答例の着眼点が一番シンプルだから、合わせるようにしよう！

解説動画について

難易度の高い問題については、考え方のコツもふくめて動画で解説をしているよ。
解説動画アリ🐜 のマークがついているので、ぜひチェックしてみてね！
動画の見方がわからない人は、保護者の方に相談しながら、一緒に確認してね。

❶ こちらのQRコードからサイトにアクセス

もしくは、こちらのURLからアクセス

https://www.youtube.com/channel/UCgIvMjzbDGNh3_BFo6kH6eA

❷ 見たい問題を選んで、視聴しよう！

過去問について

- 過去問チャレンジの問題は、一部変更しているものもありますが、基本的にはできるだけオリジナルに忠実な形で抜き出し、掲載しています。そのため、問題が（1）ではなく（2）から始まったり、下線部が③から始まったりするなど中途半端な数字がついていることがあります。また、同じ漢字でもふりがなを振ってあるもの、振っていないものなど、問題によってばらつきがあります。これらは、過去問をできるだけ加工せずに使用しているためです。

- 解答例が公表されていない問題につきましては、筆者の方で解答例を作成しております。具体的には、以下が該当します。

  P7：2021年度福山市立福山中学校
  P17：2022年度さいたま市立大宮国際中等教育学校
  P52：2022年度広島市立広島中等教育学校
  P72：2022年度滋賀県共通問題
  P81：2022年度さいたま市立大宮国際中等教育学校
  P88：2022年度宮崎県共通問題
  P108：2022年度福井県立高志中学校（1）（2）
  P126：2022年度広島県立三次中学校

全国の適性検査を攻略しよう！

エリアごとの「社会」分野の特徴を紹介するよ。

自分が受ける学校と似たタイプのところを解いたり、自分が苦手とするジャンルの問題を練習したりするために参考にしてね！

なお、北海道、神奈川県（県立中学）、群馬県の公立中高一貫校は「社会」分野の出題がないため除いているよ。

	エリア	特徴
A	東北	小学校で習った知識と、学校があるエリアの特徴（土地の様子や農産物など）を組み合わせて解く「ご当地問題」が多い。
B	北関東・甲信越	大量の資料が並べられ、その中で因果関係を読み取る力が試される。また、グラフの中で何倍、何分の１といった割合計算をする問題も多いが、何を問われているのかさえ理解できれば、それほど難しくはない。１つの適性検査の中で幅広いテーマが身近な社会から選ばれるので、一般常識力も試される。
C	埼玉	教科書の内容をしっかり暗記して記述説明も求められる伊奈や川口と、知識は不要だが膨大な資料や会話文を正確に読解する力が求められる浦和、大宮に分けられる。
D	千葉	あたえられる資料が非常に複雑で、高い資料読解能力が試されるエリア。稲毛国際の暗記問題はほぼ見られなくなったが、知っていれば早く解ける問題は多い。また、県立はかなり複雑な計算問題も多数。
E	東京（都立・区立）、神奈川	知識は必要ないが、長い文章と複数の資料から、細々したことにとらわれ過ぎずに全体像を把握する力が求められる。小石川は膨大な計算量やグラフ作成問題もセットで出題される。

F	東海・北陸	あたえられる資料や求められる記述量の多い福井高志と、暗記知識は必要なものの、1つずつの問題は解きやすい石川・静岡と、傾向が異なる。
G	近畿	取り組みやすい滋賀以外は、全国的に見ても最難関エリア。ニュースなどで得た一般常識から、私立中学受験に必要な暗記事項まで、幅広く求められる。
H	中国	取り組みやすいエリアだが、特に広島は資料も複雑で記述量が多い。
I	四国・九州・沖縄	取り組みやすいエリアで、幅広いジャンルから適性検査らしい問題がそろっている。沖縄は特殊で、私立中学受験のような暗記型の問題が半分以上。

※2023年1月時点の最新年度での分析であり、年によって傾向の変化があることをご理解の上で、ご参考ください。

エリアによって、問題の傾向がちがうんだよ

へぇ〜！

ここからは、各エリアの「社会」分野の特徴をグラフにするよ。
志望校と近いタイプをチェックするために使ってね。

次の基準をもとに、３つの力のバランスをグラフにしたよ！

【たて軸】知識力…前提となる知識や一般常識の必要性、暗記事項の必要性を表す。
上に行くほど歴史や地理を暗記していないと解けない問題が増え、下に行くほど
ニュース等で見聞きした日常の知識で対応できる。

【横軸】資料読解力…あたえられる資料の複雑さ、多さ、めずらしさを表す。右に行
くほど理解に時間がかかる難しい資料が出ていたり、関連付けないといけない資料が
多かったりする学校を表す。

【円の大きさ】記述力…求められる記述量、記述問題数、記述に求められる条件の
多さを表す。円が大きければ大きいほど、記述の訓練が必要になる。

まずは、「必要な知識の量（たて軸）」が志望校と近いところを選ぼう。社会の資料問題は似たような問題がくり返し出題されているので、解けば解くほど「見たことある！」と感じる問題が増えていくよ。

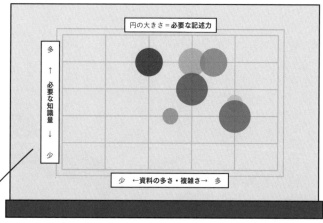

円の大きさ＝必要な記述力

多 ↑ 必要な知識量 ↓ 少

少 ←資料の多さ・複雑さ→ 多

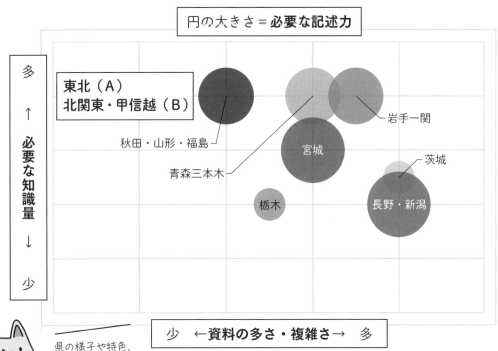

円の大きさ＝**必要な記述力**

多 ↑ **必要な知識量** ↓ 少

東北（A）
北関東・甲信越（B）

秋田・山形・福島
青森三本木
宮城
岩手一関
茨城
栃木
長野・新潟

少 ←**資料の多さ・複雑さ**→ 多

県の様子や特色、
歴史に関心があるか
どうかが試されるよ！

円の大きさ＝**必要な記述力**

多 ↑ **必要な知識量** ↓ 少

首都圏
（C〜E）

伊奈学園
川口市立
稲毛国際
横浜市立
浦和
大宮国際
千葉県立
東京都立・区立九段

少 ←**資料の多さ・複雑さ**→ 多

都立小石川や千葉県立は、
大量の計算もセットで出されるよ。

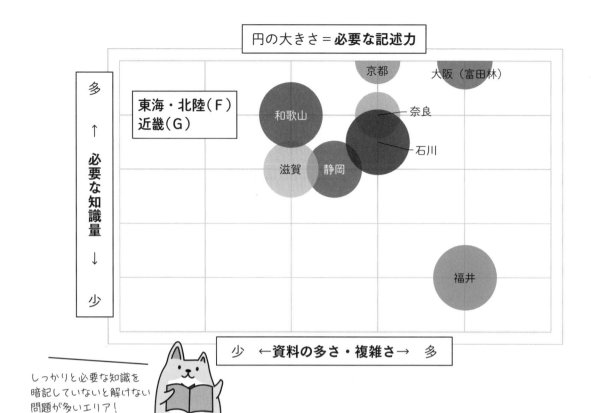

円の大きさ＝**必要な記述力**

多 ↑ **必要な知識量** ↓ 少

京都
大阪（富田林）
東海・北陸（F）
近畿（G）
和歌山
奈良
石川
滋賀
静岡
福井

少 ←**資料の多さ・複雑さ**→ 多

しっかりと必要な知識を
暗記していないと解けない
問題が多いエリア！

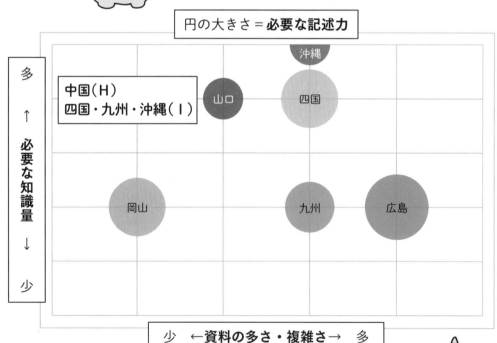

円の大きさ＝**必要な記述力**

多 ↑ **必要な知識量** ↓ 少

沖縄
中国（H）
四国・九州・沖縄（I）
山口
四国
岡山
九州
広島

少 ←**資料の多さ・複雑さ**→ 多

沖縄以外は取り組みやすい学校が
多いエリアだよ。
ただし、広島は記述量が多いので、
ほぼ作文だと思って解こう。

第1章

さまざまな資料

資料を攻略しよう！

適性検査には必ず資料（グラフ）が登場するので、グラフに慣れることが社会分野のカギになるよ。

グラフにはたくさんの種類がある。特徴を覚えることで、注目すべきポイントがわかるようになるよ！

【代表的なグラフ】

● 棒グラフ…数のちがいを、棒で表すことでわかりやすくする

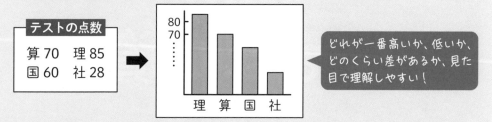

テストの点数

算 70　理 85
国 60　社 28

どれが一番高いか、低いか、どのくらい差があるか、見た目で理解しやすい！

● 積み上げ棒グラフ…数のちがいだけでなく、その中身のちがいもわかる

横向きにすることもある！

合計点は同じでも、得意・不得意の差があるとわかる！

● 折れ線グラフ…時間の流れにそった変化がわかりやすい

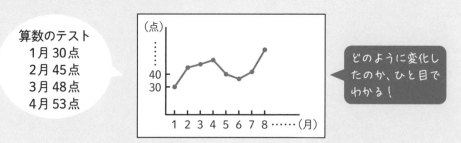

算数のテスト
1月 30点
2月 45点
3月 48点
4月 53点

どのように変化したのか、ひと目でわかる！

• 円グラフ…全体を100%としたとき、それぞれのしめる割合がわかる

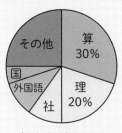

中央の線から
時計回りに大きい
順に並べるよ。
「その他」は最後！

好きな科目は？

どの割合が最も高いかひと目でわかるけど、それぞれの数（何人か）は計算しないとわからないよ

• 帯グラフ…全体を100%とした帯同士を並べることで、割合の変化やちがいがわかる

帯の中身の
順番を
そろえるよ

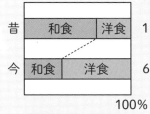

朝食はどっち派？　　　　好きな科目

割合を比べているだけだから、人数のちがいではないことに注意！

👉 合格力アップのコツ

• たとえば、棒グラフなら「数のちがいに注目してほしい」というねらいがあり、折れ線グラフなら「変化に注目してほしい」というねらいがある。このような特徴を知ってグラフを読み取り、記述をすることで得点につながりやすくなるよ。

• 適性検査では複数の種類のグラフが1つに組み合わさっていたり、5つ以上のグラフを同時に読み取ったりすることもあるので、今のうちに1つひとつの特徴を覚えておこう。

• 「変化」や「ちがい」を表すグラフは、「一番大きな変化・ちがい」があるところに注目するのがコツだよ！

最も大きく変化しているところはどこかな？

✏️ **例題** ⌐ ‥‥‥‥‥‥‥‥‥‥‥‥‥‥‥‥‥‥‥‥‥‥‥‥‥‥‥‥‥‥‥‥‥‥‥‥‥‥‥

No. 1

　次の資料は、あるテーマパークの入場者数と、入場者の年れいの割合を表したグラフです。この資料を見たこはるさんは、「20代の入場者は8月が一番多い」と考えました。

　この考えが合っているかどうか、答えましょう。また、どのような計算をしたか、式や言葉を使って説明してください。

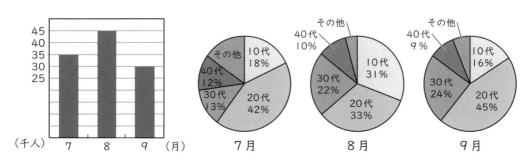

No. 2

　次のことがらをグラフにするとき、ふさわしいグラフの種類をそれぞれ①～⑤の中から選びましょう。

ア　学校の花だんに植えられている花について、種類別の割合を3年分比べたい

イ　今年1年、おこづかいを何にどのくらいの割合使ったのか確認したい

ウ　おじいちゃんが、「昔はもっと子どもが多かった」と言っていた。過去50年のA市における10代の人数の移り変わりを知りたい

① 棒グラフ
② 積み上げ棒グラフ
③ 折れ線グラフ
④ 円グラフ
⑤ 帯グラフ

‥‥

No. 1

解答

合っている

計算：それぞれ月ごとに20代の入場者を計算すると、

　　　　7月　　35000×0.42＝14700人

　　　　8月　　45000×0.33＝14850人

　　　　9月　　30000×0.45＝13500人

となり、20代の入場者数は8月が最も多いとわかる。

解説

「式や言葉を使って」と言われたときは、「式もしくは言葉どちらでもいいよ」という意味ではなく、「式も言葉も使って説明するように！」という意味になるよ。
円グラフの20代の割合は8月が一番小さいけど、人数は計算してみないとわからない。棒グラフの全体の人数と、円グラフの20代の割合から、ひと月ずつ計算していこう。棒グラフは単位が（千人）であることに気をつけようね。また、今回のように円グラフの中身が年代の場合は、割合の大きさ順ではなく、若い年代順に並べるよ。

加点チェックポイント！

☑ すべての月における20代の入場者数を出す式が入っている

☑ 7〜9月の20代の入場者数が合っている（7月から順に14700、14850、13500）

☑ すべての月における20代の入場者数を出したうえで、8月が一番多い、という結論が書かれている

＼ たしかに！ ／

考え方は合っているのに
単純な計算ミスで落とす
のはもったいないよ

解答

ア：⑤　イ：④　ウ：③

解説

ア　割合を比べたいので、％を使うグラフから選ぶ。また、異なる年度を比べたいので、複数の帯グラフを使うよ。

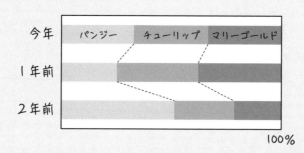

イ　1年間でもらったおこづかいのうち、何にどのくらい（割合）使ったのかを知りたいので円グラフを選ぼう。

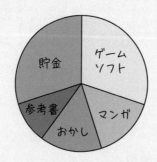

ウ　時の流れによる変化を知りたいので、折れ線グラフを選ぶよ。

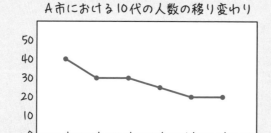

A市における10代の人数の移り変わり

過去問チャレンジ！

だいちさんとみどりさんは、プラスチック製品について話をしています。

資料1のようにプラスチック製品は、わたしたちのまわりのさまざまなものにつかわれて便利だよね。でも、いろいろと問題点もあるから、調べてみよう。

・レジぶくろ	・ラップフィルム	・ペットボトル	・食品用トレイ
・消しゴム	・スーパーの買い物かご	・食器	・セロハンテープ

資料1　プラスチック製品の例

プラスチック製品の生産量と消費量、プラスチックごみの総はい出量を調べて、まとめたよ。

	プラスチック製品の 生産量（万 t）	プラスチック製品の 消費量（万 t）	プラスチックごみの 総はい出量（万 t）
1985年	9.23	6.99	4.19
2000年	14.74	10.98	9.97
2015年	10.86	9.64	9.15

表1 プラスチック製品の生産量と消費量、プラスチックごみの総はい出量　2017年度版 環境統計集 環境省より

表1を見ただけでは、それぞれの数値の関係がよくわからないね。

それなら、グラフにするとわかりやすくなるね。次の4種類のグラフをつくってみたよ。どれがよくわかるかな。

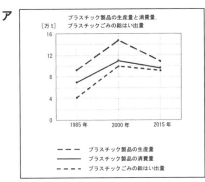

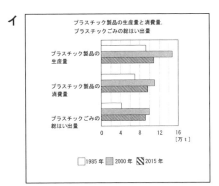

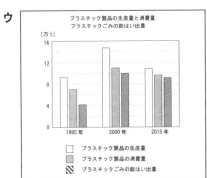

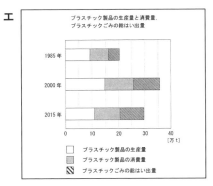

問題3 あなたは、表1をどのグラフで表したらよいと考えますか。ア～エのグラフから1つ選び、その記号を答えなさい。また、そのグラフを選んだ理由を答えなさい。

No.2 2021年度徳島県共通問題

（問5）図書係は、学校図書館の本についていろいろなデータを集め、グラフや表に表しました。次の**ア～エ**のことがらについて、あとの**資料**をもとに考え、「正しい」ものには○、「正しくない」ものには×、「これらの資料からはわからない」ものには△を、それぞれ書きなさい。

　　ア　文学の本の冊数は、2019年度より2018年度の方が多い。

　　イ　歴史の本の冊数は、2015年度からは毎年増え続けている。

　　ウ　自然科学の本の冊数は2019年度と2018年度を比べると、2019年度は、2018年度より15%以上増加している。

　　エ　2019年度の全校児童の1か月に借りる1人あたりの平均冊数は、12冊である。

資料

［本の総冊数］

年度	冊数（冊）
2016年度	5314
2017年度	5287
2018年度	5150
2019年度	5450

［歴史の本の2年ごとの冊数］

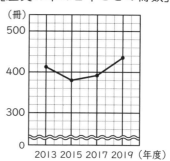

［本の種類の割合］

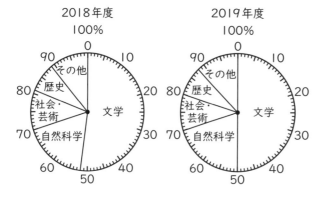

［1か月に借りる1人あたりの平均冊数（2019年度）］

学年	冊数（冊）
1年生	19
2年生	15
3年生	11
4年生	12
5年生	8
6年生	7

No.1

解答

ア

理由：折れ線グラフは年ごとの数値の変化をわかりやすく表すのに適しており、プラスチック製品の生産量、消費量、プラスチックごみの総はい出量それぞれのグラフを並べて比較することで、3つの項目の数値の増減に関係があることを示すこともできるから。

解説

だいちさんの会話から、「それぞれの数値の関係」を知りたいのだとわかるね。「関係」という言葉があるときは、「何かの変化が、他の何かの変化とつながっているかどうか」を知りたいのだと考えよう。

たとえば、「最高気温と、アイスの売れ行き」「すいみん時間と、テストの点数」「ボールを落とす高さと、地面からはねかえる高さ」など関係があると言えるものもあれば、「日本の人口の移り変わりと、イギリスの人口の移り変わり」など関係があるとは言えない組み合わせもある。

このように、「1つの変化が他の変化と関わりがあるかどうか」を今回は知りたいと思っているので、3つの項目の関係がわかるアが適している。折れ線が3本とも似たような動きをしていることが、ひと目でわかるね。

No.2

解答

ア：×　　イ：△　　ウ：〇　　エ：△

解説

ア　文学の本の冊数を計算してみよう。
2018年度➡5150×0.52＝2678冊
2019年度➡5450×0.5＝2725冊
2019年度の方が多いので、×。

イ　「2年ごとの冊数」を見ると、確かに増え続けているが、「2年ごと」なので、その間の年のことはわからない。たとえば、グラフを見ると2015年➡2017年は増えているけど、もしかしたら2016年は激減していたかもしれないね。こ

のグラフからは、「毎年」増え続けたかどうかは不明なので、△。

ウ 自然科学の本の冊数を計算してみよう。
まず割合を見ると、
2018年度は70−52＝18％、2019年度は70−50＝20％のようだね！
次に冊数を出そう。
2018年度➡5150×0.18＝927冊
2019年度➡5450×0.2＝1090冊
927冊から15％増えたとすると、927×（1＋0.15）なので、およそ1066冊。
2019年度はそれよりも多いので、15％「以上」増えていると言える。

エ 1人あたりの平均を出すには、全体の人数が必要となる。でも、各学年それぞれ何人いるのかがわからないため、計算することができないよ。

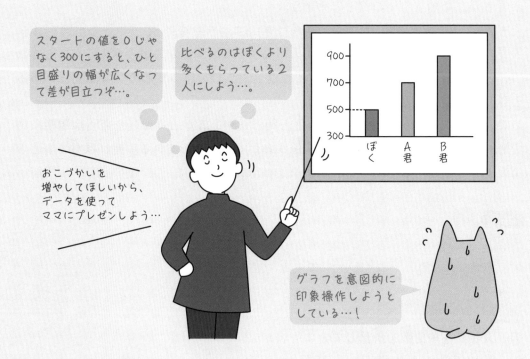

スタートの値を0じゃなく300にすると、ひと目盛りの幅が広くなって差が目立つぞ…。

比べるのはぼくより多くもらっている2人にしよう…。

おこづかいを増やしてほしいから、データを使ってママにプレゼンしよう…

グラフを意図的に印象操作しようとしている…！

2 特殊なグラフ

適性検査では、先ほど紹介したようなグラフ以外にも、たくさんの種類のグラフが登場するよ。「見たことない！」とあせらずに、「このグラフで私に伝えたいことは何だろう？」と落ち着いて解読するようにしよう！

✦✦ ポイント ✦✦

適性検査に登場する、ちょっと変わったグラフを紹介するよ！

• ヒストグラム…全体のばらつきを表すもの。成績表で使われることが多い。

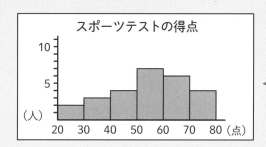

どの得点に一番集中しているかひと目でわかる

• 散布図…たて軸と横軸を使い、2つの数値の関係性を表すもの。

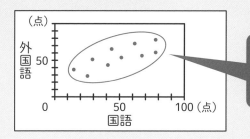

このように右上にのびるかたまりがあれば、一方が高いともう一方も高い、という関係が読み取れる

• 人口ピラミッド…年代別の人口を横向きに並べたもの。男女別で表すことが多い。

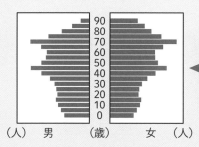

「昔と今」「日本と海外」など複数の人口ピラミッドの形を比べることが多い。

少子高れい化の場合 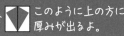 このように上の方に厚みが出るよ。

- **レーダーチャート**…5つ前後の項目について、まとめて表すもの。平均とあわせて使うことが多い。

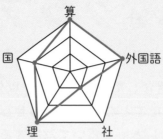

- **折れ線＆棒グラフ**…折れ線グラフと棒グラフを合体させたもの。異なる性質の2つのグラフを同時に確認できる。雨温図で使うことが多い。

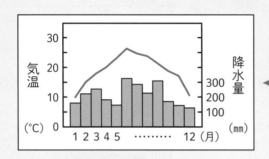

グラフの右と左で表す
内容が異なるから見ま
ちがいに注意！

- **ハイサーグラフ**…たて軸と横軸を使い、それぞれの点を順に結んだ図形の形で特徴をとらえるもの。雨温図の応用バージョン。

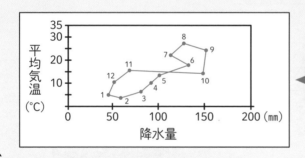

場所によって冬は降水（雪）量が
多かったり、年間を通して雨が
少なかったりと、エリアごとの
特徴で形が大きく変わるよ

👉 **合格力アップのコツ**

- 作図させる問題や、今後の予測をさせるような問題も出ている。
- 見慣れなくても、たて軸、横軸、目盛りや単位をしっかり確認すると解ける問題が多いよ。見た目のややこしさに気持ちで負けないこと！

例題 ‥‥‥‥‥‥‥‥‥‥‥‥‥‥‥‥‥‥‥‥‥‥‥‥‥‥‥‥‥‥‥‥

No.1

　米作りに適した地域の特徴として、稲が成長する夏の気温が25℃前後あり低過ぎないこと、冬にまとまった量の雪が降り春に豊富な雪解け水が利用できることが挙げられます。

　では、次の３つの地域の中で、米作りに最も適した地域はどこでしょうか。１つ選び、その理由を説明しましょう。

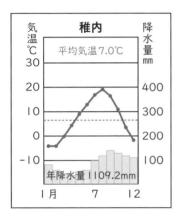
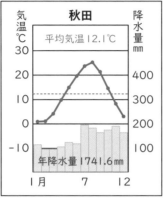
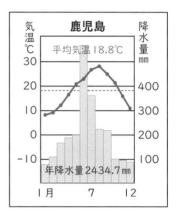

No.2

　次の資料は、日本の人口の移り変わりと、今後の推計（予想）を示したものです。今までの日本の人口の移り変わりとともに、今後日本はどのような社会になっていくと考えられるか、説明しましょう。

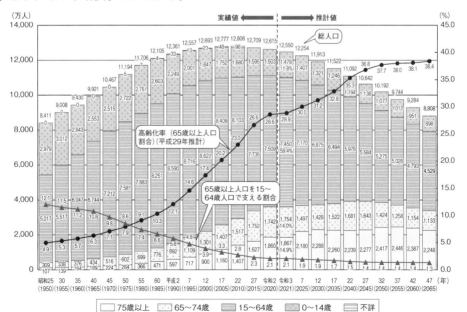

出典：内閣府ホームページより

‥‥‥

例題解説

No. 1

解答

秋田

理由：稚内は夏の気温が低く、鹿児島は冬の降水量が少なく雪解け水が利用できない。一方、秋田は夏の気温が25℃前後であり、冬は降水量が多く雪解け水が利用できると考えられるから。

解説

秋（9〜11月）から冬（12〜2月）にかけて、秋田の気温は10℃を下回って0℃あたりまで下がっていることから、降水量は雨ではなく雪の量を表していると考えられる。そして、3月ごろにようやく5℃くらいまで上がるため、雪解け水が期待できそうだよ。鹿児島でも米作りは行われているけど、夏の台風による被害を避けるために、3月半ばから田植えをして7月に収穫する「早期水稲」という工夫をしているんだ。

No. 2

解答

1950年から2010年まで日本の総人口は増え続けたものの、それ以降はじょじょに減少し、また、今後も減少し続けると考えられている。また、65歳以上の人口は2020年ごろまで増え続けるものの、その後はあまり変化せず、4000万人ほどで増加は止まる。しかし、総人口にしめる割合は増え続け、2065年には高齢化率が38.4％になると予想されている。現在は15〜64歳の人口およそ2人につき1人の割合で65歳以上の人口を支えているが、今後は15〜64歳の人口ほぼ1人につき1人の割合で高齢者を支えることになり、超高齢社会がますます進むと考えられる。

解説

大量の情報がのっているから、見ているだけで混乱しそうだね！ 折れ線グラフが2本、積み上げ棒グラフ（総人口と年代別の内訳）というたくさんのデータがつめこまれている。このような複合型のグラフは、説明しやすいところだけ選んで使うのではなく、「すべてに意味があってのせている」と考え、どの項目ももらさず使うようにするよ。

まずは棒グラフを見よう。総人口が増えていき、ピークをむかえるとじょじょに減少が始まり、今後も減っていくと予想されている。

次に、高齢化率を見よう。どんどん上昇しているね。2040年以降の予測では、65

歳以上の人数は減っているのにどうして高齢化率が増えるのかというと、それ以上に総人口が減っているからだよ。

さらに、支える割合も見よう。65歳以上を、15〜64歳で支える割合が折れ線グラフで示されている。昔は10人以上で1人の高齢者を支えていたけど、今は約2人で1人の高齢者を支えていることがわかるね。将来は、1.3なので、ほぼ1対1で支えることになる。社会全体で高齢者を支えるのは当然だけど、1人にかかる負担が重くなり過ぎないよう、今後の対策を考える必要があるよ。

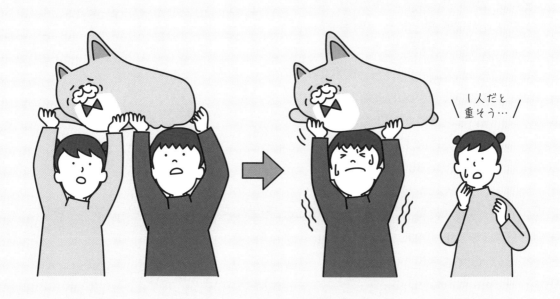

1人だと
重そう…

過去問チャレンジ！

No.1 2022年度東京都立富士高等学校附属中学校

2 小学6年生の**ジュン**さんは、夏休みの算数の宿題で、三角形の特ちょうと三角形がどのように使われているかを調べることにしました。調べているうちに、中学生のレイコさんが、三角グラフというものを教えてくれました。

ジュン：この**図1**の三角形のグラフはいったい何を表しているのだろう。

レイコ：これは三角グラフと呼ばれるグラフだよ。三つの要素をもつデータの割合を表すためのもので、正三角形の特ちょうを使うことで、三つの要素の割合の変化が一目で見やすくなるんだ。円グラフや帯グラフだといくつもグラフを用意しなければいけないけど、三角グラフを使うと一つのグラフだけで割合の変化が視覚的にわかりやすく表せるよ。

ジュン：そうなんだ。こんなグラフ初めて見たよ。三大栄養素をとった割合のグラフなんだね。三大栄養素というのはタンパク質、脂質、炭水化物のことか。

レイコ：タンパク質は主に体を作る栄養素で、脂質と炭水化物は主にエネルギーの元となる栄養素なんだ。グラフの読み取り方だけど、正三角形の辺の上に等しい間かくで目盛りがついているでしょう。上の頂点から右下の頂点に向かって0％から100％へと書かれている目盛りが、脂質をとった割合を表す目盛りだよ。同じように右下の頂点から左下の頂点に向かっている目盛りが炭水化物をとった割合を表す目盛りで、左下の頂点から上の頂点に向かっている目盛りがタンパク質をとった割合を表す目盛りだね。

ジュン：日本人における理想的な三大栄養素をとった割合は、タンパク質の割合が15％、脂質の割合が25％、炭水化物の割合が60％と言われていて、それが**図1**のグラフ上の点①で表されているんだね。1965年と2017年の日本人における三大栄養素をとった割合は、**図1**のグラフ上でそれぞれ点②、点③で表されているのか。

図1　日本人における三大栄養素をとった割合

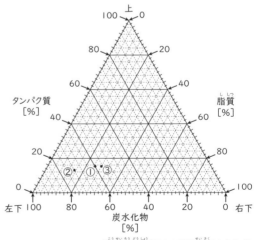

（厚生労働省「日本の栄養政策」より作成）

点①：日本人における理想的な三大栄養素をとった割合
点②：1965年の日本人における三大栄養素をとった割合
点③：2017年の日本人における三大栄養素をとった割合

〔問題1〕以下の説明は、**図1**のグラフから1965年をもとにして2017年を比かくし、二大栄養素の中からそれぞれの栄養素に注目し、割合の変化を説明したものです。〔　　〕に整数を入れ、増加したか減少したかのどちらかをまるで囲み、説明文を完成させなさい。例えば12%から16%へと変化したときは4ポイント増加したと表します。

説明

1965年をもとにして2017年を比かくすると、

タンパク質をとった割合がおよそ〔　　〕ポイント（増加し・減少し）、

脂質をとった割合がおよそ〔　　〕ポイント（増加し・減少し）、

炭水化物をとった割合がおよそ〔　　〕ポイント（増加した・減少した）。

No.2 2022年度さいたま市立大宮国際中等教育学校

【花子さんとお父さんの会話③】

花子さん：石油などを燃料として使うと、二酸化炭素を排出すると聞きました。二酸化炭素は、地球温だん化にも影響があるため、二酸化炭素の排出量をおさえることが必要だと思います。

お父さん：ここに世界の国や地域別の二酸化炭素排出量の割合を表した【グラフ】があるよ。

花子さん：日本は世界の中でも排出量の多い国の1つなのですね。

お父さん：二酸化炭素排出量について考えるときには、バブルチャートを使ってみてはどうかな。

花子さん：バブルチャートとは何ですか。

お父さん：ふつうのグラフは縦と横のじくの2つの要素を1つのグラフに表すよね。バブルチャートは縦じく、横じく、円の大きさの3つの要素を1つのグラフに表せるので、3つのデータの関係性を、1つのグラフで見ることができるよ。わたしがつくったこの【バブルチャートの例】を参考にして、資料4を見てごらん。

花子さん：はい。資料4で、それぞれの国の「二酸化炭素総排出量」だけでなく、「人口」「1人あたりの二酸化炭素排出量」の3つのデータの関係性を見ることができますね。

【グラフ】
世界の二酸化炭素排出量の割合（2017年）

世界計328億トン

中国 28.3%
14.5%
アメリカ合衆国
※6 EU 9.8%
インド 6.6%
ロシア 4.7%
日本 3.4%
その他 32.7%

（「世界国勢図会 2020／21年版」をもとに作成）
※6　EU……ヨーロッパ連合。本部がベルギーのブリュッセルにある。

【バブルチャートの例】

　あるアイスクリーム店の1号店、2号店、3号店のメニューの数、営業時間、1日の販売数を示した〈表〉と〈バブルチャート〉

〈表〉

	メニューの数 （品）	1日の販売数 （個）	営業時間 （時間）
1号店	10	200	10
2号店	30	100	12
3号店	20	300	6

〈バブルチャート〉

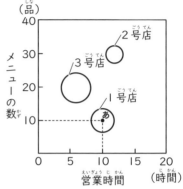

- 〈バブルチャート〉の縦じくはメニューの数、横じくは営業時間を表している。円（バブル）の大きさは、1日の販売数を表しており、1日の販売数が多くなるほど、円（バブル）は大きくなる。

- メニューの数と営業時間を表す点をとり、その点を中心として、円（バブル）をえがく。例えば、〈バブルチャート〉にある「あ」の点は、1号店の円（バブル）の中心を表している。

- 〈バブルチャート〉から、2号店は、他の2店と比べてメニューの数が多く、営業時間が長いが、1日の販売数は少ないことが読み取れる。

問3　資料4は、資料5にあるアメリカ合衆国を除く6つの国のデータを示したバブルチャートです。ここに、アメリカ合衆国の円（バブル）を加えるとき、次の（1）、（2）に答えなさい。

（1）アメリカ合衆国の円（バブル）の大きさとして正しいものを次のア～エの中から1つ選び、記号で答えなさい。

　　　ア　①よりも大きい　　　　　　　イ　①よりも小さく②よりも大きい

　　　ウ　②よりも小さく③よりも大きい　　エ　③よりも小さい

（2）アメリカ合衆国の円（バブル）の中心は資料4のどのエリアにあるか、A～Dの中から1つ選び、記号で答えなさい。

資料4　アメリカ合衆国を除く6つの国の1人あたりの二酸化炭素排出量、人口、二酸化炭素総排出量を示したバブルチャート（2017年）

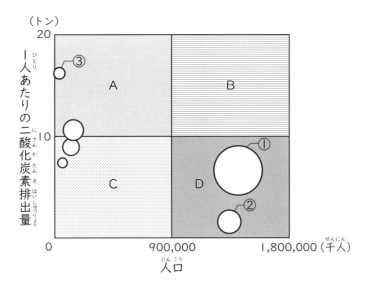

資料5　資料4のデータの数値を示した表（2017年）

	人口 （千人）	二酸化炭素総排出量 （百万トン）	1人あたりの 二酸化炭素排出量（トン）
アメリカ合衆国	324,459	4,761	14.67
インド	1,339,180	2,162	1.61
サウジアラビア	32,938	532	16.15
中国	1,409,517	9,302	6.60
日本	127,484	1,132	8.88
南アフリカ共和国	56,717	422	7.44
ロシア	143,990	1,537	10.67

※1人あたりの二酸化炭素排出量は、二酸化炭素総排出量を人口で割って算出した。
（「世界国勢図会 2020/21年版」、「世界国勢図会 2017/18年版」をもとに作成）

過去問チャレンジ解説

No.1

解答

タンパク質をとった割合がおよそ〔 2 〕ポイント（ 増加し ・ 減少し ）、

脂質をとった割合がおよそ〔 13 〕ポイント（ 増加し ・ 減少し ）

炭水化物をとった割合がおよそ〔 15 〕ポイント（ 増加した ・ 減少した ）。

解説

②と③の位置から、三角グラフの中の点線にそって外側の目盛りまで線を引くと、見やすいよ。

タンパク質は、およそ1目盛りの差だから2ポイント、右上に上がっているので増加。

脂質は、6目盛りと半分くらいの差があるから13ポイント、右下に向かって高くなるので増加。

炭水化物は7目盛りと半分くらいの差があるから15ポイント、右側に向かって下がっているので減少。

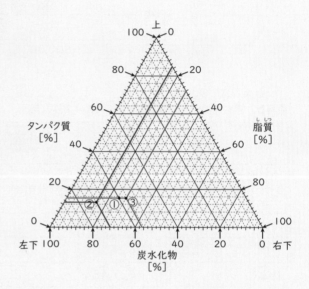

No.2

解答

（1）イ （2）A

解説

資料5 資料4のデータの数値を示した表（2017年）

	人口 （千人）	二酸化炭素総排出量 （百万トン）	1人あたりの 二酸化炭素排出量（トン）
アメリカ合衆国	324,459	4,761	14.67
インド	1,339,180	2,162	1.61
サウジアラビア	32,938	532	16.15
中国	1,409,517	9,302	6.60
日本	127,484	1,132	8.88
南アフリカ共和国	56,717	422	7.44
ロシア	143,990	1,537	10.67

資料4 アメリカ合衆国を除く6つの国の1人あたりの二酸化炭素排出量、人口、二酸化炭素総排出量を示したバブルチャート（2017年）

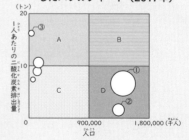

資料１のタイトルを見ると、１人あたりの二酸化炭素排出量、人口、二酸化炭素総排出量と書かれている。１人あたりの二酸化炭素排出量がたて軸、人口が横軸となっているので、円（バブル）が表すのは残った「二酸化炭素総排出量」だとわかるね。①の円は明らかに一番大きいので、最も量の多い中国だとわかる。アメリカは中国の半分ほどの排出量なので、①より小さくなることは確定。

次に、②の円を見てみよう。一番下にあることから、１人あたりの二酸化炭素排出量が最も低いインドだとわかる。インドとアメリカを比べると、総排出量はアメリカの方が上なので、②より大きくなることも確定。よって、イに決定だね。ちなみに、③は１人当たりの排出量が最も高いので、サウジアラビアだと考えられるよ。

次に、アメリカのバブルの位置について。人口はおよそ324,000（千人）なのでグラフ中央の900,000（千人）より少なく、中央より左側だとわかるね。

また、１人あたりの排出量は10トンを超えているので、中央よりも上、つまりＡだとわかる。

まったく見たことのないグラフが出たときは、周りも同じようにあせっているぞ。
自分だけじゃないから、落ち着いて解読しよう！

必要なグラフを自分で探す？

第②章

暮らし

1 身近な地域と暮らし

　みんなが住んでいる地域は、特徴を生かし、目的にそった街づくりがされているんだ。南北に長い日本は、地域によって家のつくりや暮らし方も大きく変わるよ。「どういう目的でここにあるのかな？ エリアごとにどんな特徴があるのかな？」と関心を持って、自分が住んでいる街を見てみよう。街や家など、みんなの身近な暮らしについて学ぶよ。

✦ ✧ ✦ ポイント ✦ ✧

【地図の読み方】

　地図にはさまざまな情報がつまっているよ。中でも読み方を覚えておきたいのは、方位、縮尺、地図記号、等高線の４つ。

・方位

方位磁針	方位記号	四方位	八方位
北 東 西 南	↟	北 西 東 南	北西 北 北東 西 東 南西 南 南東

・縮尺…実際の距離を、地図上に表すために小さくした割合のこと。たとえば、10万分の１の縮尺の地図で１cmのところは、実際は10万cm、つまり１km（100000cm＝1000m＝１km）の長さ、ということだよ。

地図

ものさし

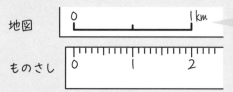

「スケールバー」と言うよ。ものさし１kmの半分、つまり500mが地図では１cmの長さで表されている、という意味になる。

縮尺の計算は算数分野であつかうよ！

- 地図記号…適性検査には暗記問題はあまり出ないけど、地図記号は時々出る。いくつか代表的なものだけは覚えておこう。

小・中学校	市役所	郵便局	警察署	病院	老人ホーム	博物館・美術館	寺院	神社	田
文	◎	⊖	⊗	⊕	介	血	卍	开	川川

畑	果樹園	広葉樹林	針葉樹林	城跡	煙突	工場	線路と駅	トンネル	橋
∨∨∨	○○○	○Q○Q	∧∧∧	⌐_⌐	⌐	☼	■−■ ※JR線	)==(	⨝

- 等高線…土地の高さが同じポイントを輪っかのように結んでいった線のこと。等高線同士の間が広いとゆるやかで、間がせまいと急であることを表す。

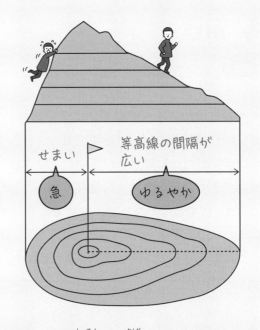

せまい

等高線の間隔が広い

急

ゆるやか

【街について】

　住んでいる地域を高いところから見下ろすようなつもりでとらえてみよう。すると、お店やビルが多い場所、家やマンションが多い場所、公園など緑が多い場所など、エリアによって特徴がある。昔と今の変化、便利さ、観光の魅力、子育てのしやすさ、安心・安全……住んでいる街をいろいろな視点から考えてみよう。

【特徴のある土地の家づくり】

- あたたかい土地の工夫…夏から秋にかけて台風が何度も訪れるので、屋根がわらをしっくいで固めたり、家のまわりをがんじょうな石垣や防風林で囲んだり、家そのものを低くしたりして暴風に備えている。また、暑さをやわらげるため、風通しをよくするための工夫がされている。

- 寒い土地の工夫…二重窓にして外の温度の影響をできるかぎり受けないようにしている。また、太陽や電気の力で雪をとかす仕組みが屋根に設置されている家もある。灯油ストーブを使うため壁には換気口があり、1年分の灯油が貯蔵できる灯油タンクが設置されている。

合格力アップのコツ

　適性検査では、架空の街の架空の地図が登場して、「どうすればよりよい街づくりができるか？　この街の課題を解決するにはどんな案があるか？」というような発想力を問う問題が多く出題される。「そんなの知らないよ～！」とあわてずに、自分の街と似ているところを探したり、旅行や買い物で行ったところを想像したりしながら答えを作ろう。ふだんから自分が住んでいる地域に対して、どのくらい関心を持って見ているか試されるよ！

✏ 例題

No. 1

　いつき君が住んでいるＡ市は、さまざまなイベントを市のお店が協力して行い、観光客数の増加に取り組んでいます。おもむきのある街並みが人気で毎年幅広い年齢層が訪れていますが、短時間で帰ってしまう観光客が多く、また一部のレストランやお土産物屋だけに観光客が集中しているという課題があります。

　いつき君のクラスは次の地図を使って、「もっとＡ市を楽しんでもらうプランを考えよう」というテーマで話し合いをして、市長さんに提案することになりました。あなたがいつき君なら、どのような提案をしますか。答えましょう。なお、協力してもらう施設や店を１つ以上選ぶものとします。

	を提案します。
実現すると、	効果が期待できます。

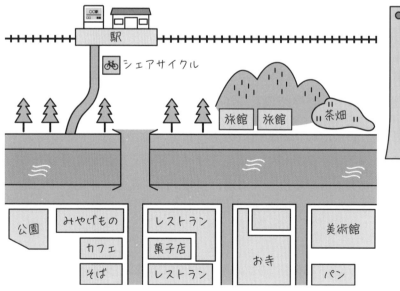

えまさんは、雪国の住宅の特徴として、屋根に角度をつけるという工夫があると知りました。ところが、家族で北海道旅行をしたとき、平らな屋根の新しい家が多いことに気がつきました。お父さんに聞いてみると、次のような答えが返ってきました。【 】にあてはまる内容を考えて書きましょう。

昔は、【　　　　　　　①　　　　　　　】ために急な角度の三角屋根が主流だったけれど、今は、【　　　　　　　②　　　　　　　】ことから、平らな屋根の家が増えているんだよ。

そらさんが住んでいる地域には大型のショッピングモールができ、古くからある商店街にあまり買い物客が訪れなくなってしまった、という課題があります。ショッピングモールと商店街のよさをそれぞれ述べたうえで、商店街が活気を取りもどすためにはどのような取り組みをすればよいか、3つ書きましょう。

記述が大変そう…

記述問題特有の答え方に早く慣れようね

例題解説

No. 1

解答

[例] シェアサイクル店と旅館に協力してもらい、夜は旅館に借りた自転車を止めて、
2日間以上観光ができるプラン（を提案します。）
（実現すると、）自転車でA市のさまざまなところを訪問する観光客が増える
（効果が期待できます。）

別解例

カフェやパン屋、レストランにテイクアウトメニューを増やしてもらい、花見や紅葉
を見ながら川沿いでピクニックを楽しむプラン（を提案します。）
（実現すると、）春や秋は特に、家族やグループで訪れる観光客が増える（効果が期
待できます。）

解説

このような問題の答えは、いくらでも作れそうだね。適性検査では答えが複数ある
問題がたくさんあるので、楽しみながら答えを考えよう。ただし…「何でも自由に
考えていい」というわけではないよ。あまりに無茶苦茶過ぎる答え（たとえば、「A市
に来てくれたら1万円プレゼントプラン」など）はもちろん×になる。また、こう
いう「自分で考えよう」というタイプの問題ほど、問題の中に答えの方向性を決め
るヒントがかくされているもの。
たとえば、次のような誘導がされているんだ！

・短時間で帰ってしまう➡長時間、のんびり観光できるプランが理想（短時間です
　　　　　　　　　　　　　　むようなプランは×）
・観光客が集中している➡A市全体を広く観光できるプランが理想（1つの店舗だ
　　　　　　　　　　　　　けに集まるようなプランは×）

また、資料を見ると、桜や紅葉、寺院の竹林など見所があるね。これらも無意味に
用意された情報ではなく、「これを使ってほしい」というヒントだと考えてほしい。
解答では桜や紅葉を使ったけど、レストランにお弁当メニューを作ってもらう秋の
ハイキングプランもいいね！

No. 2

解答

① 屋根に大量の雪が積もらないようにする
② 屋根を暖めることで雪をとかす仕組みを設置したり、じょうぶな構造により重い
　雪にもたえられるようになったりした

岐阜の白川郷の合掌造りを知っているかな？　雪を積もらせないよう、かなり急な三角屋根になっているんだよ。このような雪を「積もらせない」仕組みは、他にもある。たとえば、屋根そのものを太陽や電気の力で暖める仕組みもその1つ。また、柱など家を支える構造を強化し重い雪にたえられるようになったことも、平らな家が増えている理由なんだ。

雪が自然に落ちる屋根は便利かもしれないけど、予測できないタイミングで落ちることで、近くを通りがかった人がケガをするリスクがある。また、雪が夜中に落ちる音が近所の騒音にならないようにという配慮も、平らな屋根の住宅が増えている理由だよ。

No.3

解答

[例]（ショッピングモールには、）さまざまな店が入っているので、必要なものを一度にそろえられる（という良さがありますが、）

（商店街には、）店の人と気軽に会話でき、商品について相談しながら買い物ができる（という良さがあります。これをふまえ、商店街が活気を取り戻すための取り組みを3つ提案します。）

①買い物しやすいよう、すぐ近くに駐車場をもうける

②商店街全体に足を運ぶきっかけにするため、共通のポイントカードを作る

③それぞれの店の魅力を伝えるマップを作る

別解例

（ショッピングモールには、）駐車場が広いので、車で訪れてたくさん買うことができる（品ぞろえが豊富なので、欲しいものを選ぶことができる）（という良さがありますが、）

①休日に子ども向けのイベントを行い、商店街に来るきっかけを作る

②地域の伝統行事にあわせてお祭りを行い、商店街に来るきっかけを作る

③地域の学校と協力し商店街について学んでもらい、興味をもってもらう

解説

大型ショッピングモールやコンビニの存在、インターネットショッピングの利用によって、利用する人の減った商店街をどう回復させるか…という問題はよく出るよ。身近に商店街がない人や、1人では行ったことがない人にはイメージしづらいテーマかもしれないけど、積極的におつかいに協力したり、保護者の方から昔の商店街について話を聞いたりして、情報収集をしてみよう。

過去問チャレンジ！

先生：A市では、地域の人々が気持ちよく生活できるまちづくりを目指し、景観を整えています。「景観」とは、まちを構成する自然や建築物、遠くの景色など、まちなみや目に見える風景のことです。まず、土地利用の様子を見ていきましょう。

りく：資料4は、A市の現在の土地利用の様子を示しているね。

はる：くもい地区のまわりの<u>5つの地区はそれぞれ特徴的だね。</u>

資料4　現在のA市のくもい地区周辺の土地利用の様子

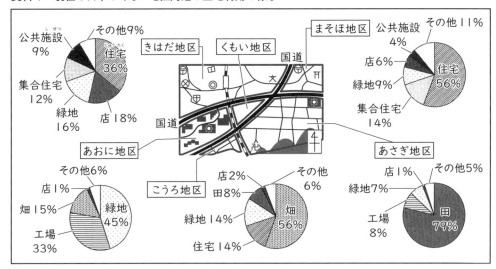

先生：今後、A市では、くもい地区に、集客するための新しい建物を建設する予定です。くもい地区を中心としたまちづくりが計画されています。

はる：くもい地区は交通量の多い国道にはさまれ、駅も近くて行きやすそう。

（5）下線部くについて、次の**ア～オ**のカードは、資料4のくもい地区以外の5つの地区の特徴をまとめたものです。それぞれの地区を示すカードを1つずつ選び、その記号を書きなさい。

ア	イ	ウ	エ	オ
・2つの大きな道路にはさまれる。 ・交通の便のよい工業団地。	・花や野菜のさいばいがさかん。 ・住宅と緑地の割合が同じ。	・水田が広がる。 ・寺院がある。 ・地区の西側に鉄道が通っている。	・市役所などの公共施設が多い。 ・他地区に比べて店の割合が高い。	・地区の半分以上が集合住宅や戸建て住宅である。

2

暮らし

花子さんと太郎さんは、休み時間に、給食の献立表を見ながら話をしています。

花子：今日の給食は何だろう。

太郎：いわしのつみれ汁だよ。千葉県の郷土料理だね。郷土料理とは、それぞれの地域で、昔から親しまれてきた料理のことだと書いてあるよ。

花子：千葉県の海沿いでは、魚を使った郷土料理が食べられているんだね。日本は周囲を海に囲まれている国だから、他の地域でも、魚を使った郷土料理が食べられてきたのかな。

太郎：そうかもしれないね。でも、毎日魚がとれたわけではないだろうし、大量にとれた日もあるだろうから、魚を保存する必要があっただろうね。

花子：それに、今とちがって冷蔵庫や冷凍庫がなかったから、魚を保存するのに大変苦労したのではないかな。

太郎：次の家庭科の時間に、日本の伝統的な食文化を調べることになっているから、さまざまな地域で、昔から親しまれてきた魚を使った料理と保存方法を調べてみよう。

花子さんと太郎さんは、家庭科の時間に、三つの地域の魚を使った料理と保存方法を調べ、図1にまとめました。

図1　花子さんと太郎さんが調べた魚を使った料理と保存方法の資料

①北海道小樽市　料理名：サケのルイベ	
 サケのルイベ サケ	材　　　料：サケ 保存方法：内臓をとり除いたサケを、切り身にして雪にうめた。サケを雪にうめて、こおらせることで、低い温度に保ち、傷みが進まないようにした。
②神奈川県小田原市　料理名：マアジのひもの	
 マアジのひもの マアジ	材　　　料：マアジ 保存方法：地元でとれるマアジを開き、空気がかわいた時期に、日光に当てて干した。マアジを干すことで水分が少なくなり、傷みが進まないようにした。
③石川県金沢市　料理名：ブリのかぶらずし	
 かぶら　　ブリ ブリのかぶらずし ブリ	材　　　料：ブリ、かぶら（かぶ）、*1甘酒など 保存方法：かぶら（かぶ）でブリをはさみ、甘酒につけた。空気が冷たく、しめった時期に、甘酒につけることで*2発酵をうながし、傷みが進まないようにした。

＊の付いた言葉の説明
＊1甘酒：米にこうじをまぜてつくる甘い飲み物。
＊2発酵：細菌などの働きで物質が変化すること。発酵は、気温0度以下では進みにくくなる。

（農林水産省ホームページなどより作成）

花子：どの料理に使われる魚も、冬に保存されているけれど、地域ごとに保存方法
　　　がちがうね。

太郎：保存方法が異なるのは、地域の気候に関係しているからかな。

花子：そうだね。では、図1の地域の気温と降水量を調べてみよう。

　　　花子さんと太郎さんは、図1の地域の月ごとの平均気温と降水量を調べました。

花子：各地域の月ごとの平均気温と降水量をまとめてみると、図2のようになったよ。

図2　月ごとの平均気温と降水量

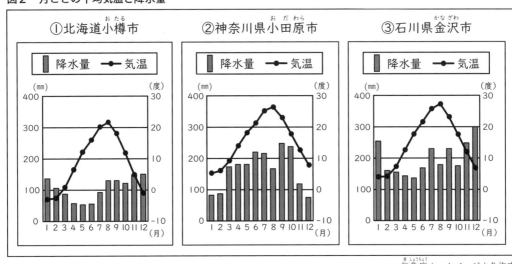

気象庁ホームページより作成

太郎：同じ月でも、地域によって平均気温や降水量がちがうし、同じ地域でも、月
　　　によって平均気温や降水量がちがうことが分かるね。

花子：それぞれの地域で、月ごとの平均気温や降水量に適した保存方法が用いられ
　　　ているのだね。

〔問題1〕花子さんは「それぞれの地域で、月ごとの平均気温や降水量に適した保存
　　　　方法が用いられているのだね。」と言っています。図1の魚を使った料理は、
　　　　それぞれどのような保存方法が用いられていますか。それらの保存方法が
　　　　用いられている理由を、会話文を参考に、図1、図2と関連させて説明し
　　　　なさい。

過去問チャレンジ解説

解答

きはだ地区：エ　まそほ地区：オ　あさぎ地区：ウ

あおに地区：ア　こうろ地区：イ

解説

資料4　現在のA市のくもい地区周辺の土地利用の様子

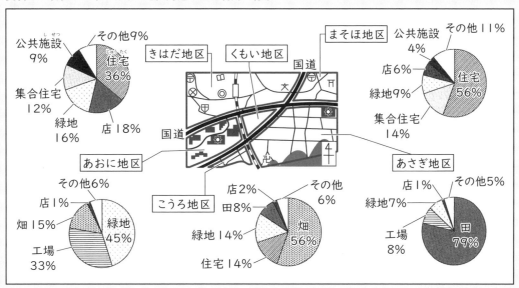

ア	イ	ウ	エ	オ
・2つの大きな道路にはさまれる。 ・交通の便のよい工業団地。	・花や野菜のさいばいがさかん。 ・住宅と緑地の割合が同じ。	・水田が広がる。 ・寺院がある。 ・地区の西側に鉄道が通っている。	・市役所などの公共施設が多い。 ・他地区に比べて店の割合が高い。	・地区の半分以上が集合住宅や戸建て住宅である。

まず、アから見てみよう。2つの大きな道路にはさまれているのは、くもい地区を除くと、まそほ地区とあおに地区だけ。このうち、工業団地がありそうなのは、工場が33％をしめているあおに地区だとわかるね。

イを見てみよう。住宅地と緑地の割合が同じなのは、こうろ地区だけだね。

ウを見てみよう。地区の西側、つまり地図の左側に鉄道が通るのは、くもい地区を除くと、まそほ地区とあさぎ地区だけ。水田が広がっているのは「田」が79％のあさぎ地区だね。なお、まそほ地区にある地図記号は、寺院ではなく神社を表す記号だよ。

エを見てみよう。市役所（◎）はきはだ地区にある。また、店の割合も最も高い。

最後に残ったオがまそほ地区だね。確かに、住宅・集合住宅だけであきらかに50％を越えているよ。

No.2

解答

［**サケのルイベ**］サケのルイベに「雪にうめて、こおらせる」という保ぞん方法が用いられているのは、小たる市の冬の平均気温が０度以下だから。

［**マアジのひもの**］マアジのひものに「日光に当ててほす」という保ぞん方法が用いられているのは、小田原市の冬のこう水量が夏に比べて少なく、日光に当てることができたから。

［**ブリのかぶらずし**］ブリのかぶらずしに「甘酒につけて、発こうをうながす」という保ぞん方法が用いられているのは、金沢市の冬はこう水量が多く、空気がしめっており、発こうが進む気温だから。

解説

まずは問題文をよく読もう。図２（各地域の気温と降水量）も使うよう指示されているから、図１の中で気温・降水量が関係しそうなところを注目すると、以下の条件が読み取れる。

サケのルイベ…雪、低い温度
マアジのひもの…かわいた空気、日光
ブリのかぶらずし…冷たい空気、しめっている、甘酒の発酵効果が失われるので０℃
　　　　　　　　　　以下は×

次に、図２と関連させよう。

小樽市…冬（12～２月）の降水量、つまり雪が多い。平均気温は０℃以下
小田原市…冬の降水量が少ない、つまり雨や雪ではなく、かんそうしている
金沢市…降水量は多く10℃以下ではあるものの、平均気温は０℃以上

つまり、上の条件と、地域の気候がぴったり合っていることがわかるね。

問題では、用いられている方法と理由を聞かれているので、「～だから、～という保ぞん方法が用いられている」、もしくは「～という保ぞん方法が用いられているのは、～だから」という形で答えを作ろう！

2 伝統を守る

　自分が住んでいる地域には、どのような文化があり、何が受けつがれてきたのか、知っておこう。適性検査では、その地域ならではの伝統について出題されることが多い。お祭り、食べ物、習慣、芸能…、昔から伝わってきたものに対して関心を持ち、守ろうとする姿勢が問われるよ。

✦✧ ✨ ポイント ✦✧

【伝統を守るために「あなた」ができることの例】

①どのような伝統があるのか、市のホームページを見たり、地域に長く住む人に聞いたり、地域の図書館で調べたりする。また、史料館や市役所を訪れ、情報を集める。

②伝統を守るためにどのような取り組みがされているのか、①の手段を使って調べる。

③調べたい伝統に、実際に参加してみる。お祭りを見に行ったり、保存会のイベントに参加したり、伝統食があれば再現してみる。

④調べたことをまとめ、発表するなどして周りに伝える。

【伝統を守るために、「国や地域」が行っていることの例】

①伝統的な街並みや建物を守るために、「保存地区」に指定し、修復や保存のために国が補助金を出す。

②景観を壊さないよう、新しく建てる建造物の色などに細かなルールを設ける。

③周辺を観光地化するときは、周りの自然や街並みと調和するような開発ルールを決める。

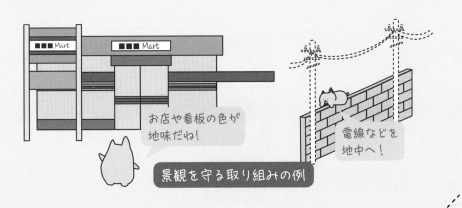

お店や看板の色が地味だね！

電線などを地中へ！

景観を守る取り組みの例

特に伝統芸能については、実際に見たことがない人も多いかもしれないね。また、「伝統行事を守るために…」と言われても、具体的にどうすればいいのかイメージが持てない人もいると思う。このような問題は「大切にして、次の世代につなげること」がゴール。そういった結論につながるような答えを探してみよう。

✏️ 例題

No. 1

あなたの住んでいる地域には、どのような伝統が受けつがれていますか。行事・食・工芸から1つ選び、どのようなものか説明しましょう。また、その伝統を守るために、あなたができる取り組みは何か、簡単に答えましょう。

No. 2

伝統的工芸品には、認められれば、次のようなマークをつけることができます。このマークは、「伝統証紙」と言って、経済産業大臣が指定した工芸品である証です。主に手作りの工芸品であり、伝統的な技術・材料が用いられていること、日常的に使うものであること、といった基準があります。

では、このような伝統証紙という仕組みは、なぜ生まれたと思いますか。あなたの考えを書いてみましょう。

出典：一般財団法人伝統的工芸品産業振興協会ホームページより

答えは1つじゃないってことなのかな…

そう、あなた自身の経験が問われているんだ

例題解説

No. 1

解答

[例] 伝統：行事

説明：八王子祭りが毎年夏に開さいされています。この行事は約60年の歴史が
あり、たくさんの山車が登場します。

取り組み：地区のこども会で開いているお囃子の練習に参加して、お祭りでた
くさんの人に見てもらう。将来は、自分の子どもにも伝えていく。

解説

まず、自分が住んでいる地域にどんな伝統があるかを知っていることが大切。お祭
りが一番身近だけど、他にもたとえばお正月に食べるお雑煮も地域ならではの特色
があるので、家族に聞いてみよう。伝統工芸品（織り物、和紙、筆、塗り物、焼き
物、木工品など）がある地域の人は、どんな特徴を持っているのか、職人さんはど
のくらいいるのか、どんな歴史を持っているのか、など簡単に説明できるようにし
ておこう。伝統を守るための取り組みは、大きく分けて「知ろうとする」「参加して
みる・経験してみる」「広める」の3つ。書きやすいものを選ぶようにしよう。

No. 2

解答

[例] 伝統工芸品であるという基準を満たしていることをわかりやすくアピールする
ことで、より多くの人に知ってもらうきっかけになる。また、伝統工芸品であ
るという証であるため、その職人になりたいと思う若い働き手を増やすきっか
けにもなる。

解説

見たことあるような、ないような…と思っても、あわてないこと。たとえば、お土産
屋で、このマークがある製品と、ない大量生産の製品があったら、どちらに価値を
感じるかな。また、もし自分が職人で、手作りしている製品が伝統工芸として認め
られたら、どう感じるだろう。こうやって、「自分のこと」としてとらえると、答え
に近づきやすいよ。伝統工芸は手作りが基本なので、海外や都市部の大量生産・大
量消費とは真逆の製品。生産数が限られ、技術習得まで長い年月が必要なので、若
い職人が不足している。作り手がいなければ文化は途絶えるので、伝統証紙で製品
をアピールし、売る場所を増やしたり、労働環境改善につなげたりしている。

過去問チャレンジ！

【問3】 緑さんの小学校では、地域で暮らす外国の方と文化交流会をしています。今年は、外国の方に日本文化を体験してもらうことにしました。事前に、「興味のある日本文化」についてアンケートをとり、その結果をもとに学さん、豊さんと準備をしています。各問いに答えなさい。

アンケートの中で回答が多かった日本文化

着物　和食　神社　寺　城　　短歌　俳句
伝統工芸品　書道　茶道　礼儀作法　祭り
※地域で暮らす外国の方20名を対象に調査した結果

緑さんたちは、アンケート結果から、今回の交流会は「着物」をテーマに、着付けの体験を行うことに決めて、方法や内容を話し合っています。

緑さん：今回の交流会では、浴衣を使って「着付け」をします。浴衣を着るようすを事前に撮影しておいて、その動画を見ながら外国の方といっしょに浴衣を着ることにしましょう。浴衣の着方は、家庭科の先生が教えてくれます。交流会の内容について、他に意見はありますか。

学さん：「着付け」体験の前に、A着物のことを紹介するのはどうでしょう。

豊さん：いい案ですね。着物やB着物のよさを知ってもらい、地域のお祭りやお正月に着てもらえたらうれしいです。

緑さん：では、どのような内容を紹介しますか。

学さん：着物には、どのような種類があるのかを調べて紹介しましょう。

豊さん：それから、どのような機会に着物を着ていくのかを知ってもらいたいです。

緑さん：まずは、それぞれが調べたことを発表ボードにまとめてみましょう。

【学さんと豊さんが参考にしたインターネット記事の一部】

　着物は、明治時代に西洋（ヨーロッパやアメリカ）の服装文化が日本に取り入れられるまで、日常的に着用されていた日本の伝統的衣服です。日中は着物を、寝るときには浴衣を着ていました。江戸時代に、お風呂屋を日常的に利用するようになると、湯上りに浴衣を着る習慣が生まれ、外出着としても着用されるようになります。そして、さらっとしていて着やすい浴衣は夏の普段着として定着しました。

　現在でも、着物は晴着と呼ばれ、結婚式やパーティー、子どもの成長の節目をお祝いする場や行事、初詣、成人式、七五三などで使われています。また、歌舞伎や美術館での鑑賞の際も着物を正式な服装として選ぶ人がいます。

　一方、日常的な場面から生まれた浴衣は、正式な場面には着ていけませんが、夏祭りや花火大会、盆おどりなどの場で着られています。

2
暮らし

【学さんと豊さんが調べたことをまとめたボード】

テーマ　　　着物の種類　　【担当　学さん】	
留そで	すでに模様が入っている。黒留そでと色留そでがある。
振そで	そでが長く、結婚していない女性が着る。
訪問着	一枚の絵のような模様が入っている。
色無地	黒以外の色でそめられている。
浴衣	生地がうすく、夏やお風呂の後に着る。
他にも、紬や小紋、喪服などがある。	

振そでと羽織袴

テーマ　　　着物を着ていく機会　　【担当　豊さん】	
結婚式	主に親族が着る。女性は留そでや振そで、男性は着物の上に羽織袴を着る。
成人式	満20才のお祝いとして、成人する女性が振そでを、男性が羽織袴を着る。
□ C □式	子どもの成長の節目を祝う場や行事で、大人が訪問着や色無地などを着る。
お正月	新年のお祝いとして着る。
夏祭り	浴衣や季節に合わせた着物を着る。
他にも、お世話になった方を訪問する時やお葬式などでも着物を着る。	

（1）会話文中の下線部Aの説明としてふさわしいものを、学さんと豊さんがまとめたボードの内容や２人が参考にした記事の内容から考えて、すべて選び記号で書きなさい。

　　ア　振そでは、結婚式や成人式など、正式な場面で着られている。

　　イ　着物は、祝いごとで着る機会が多く、晴着とも呼ばれている。

　　ウ　夏であれば、結婚式に浴衣を着て参加してもよい。

　　エ　江戸時代以後に、浴衣は夏の普段着として着られるようになった。

　　オ　訪問着は、黒以外の色で染められている着物である。

（2）会話文中の下線部Bについて、学さんと豊さんがまとめたボードの内容を参考にして「着物のよさ」を30字以内で考えて、横書きで書きなさい。

（3）豊さんの発表ボードの　C　に入る言葉を、学さんと豊さんがまとめたボードの内容や２人が参考にした記事の内容から考えて、漢字２字の熟語で書きなさい。

過去問チャレンジ解説

No. 1

解答

（1）ア、イ、エ

（2）[例] 着物は、種類が多く、機会に合わせて選んで着ることができる。（29字）

（3）[例] 入学、卒業、入園、卒園

解説

（1）ア　豊さんの担当ボード「結婚式」「成人式」で、振そでが着られていることが説明されているので〇

　　イ　インターネット記事の一部に、「着物は晴着と呼ばれ、」と書かれているので〇

　　ウ　結婚式に浴衣はありえない…。インターネット記事の一部の最後の段落にも、「浴衣は、正式な場面には着ていけませんが、」とある。

　　エ　インターネット記事の一部の３～５行目、「江戸時代に…浴衣を着る習慣が生まれ、…夏の普段着として定着しました」とあるので〇

　　オ　学さんの担当ボードによると、「黒以外の色で染められている」のは訪問着ではなく、色無地。

　　こういう〇×問題は情報があちこちに散らばっているので探すのが大変だけど、まずは選択肢の単語（たとえば、「江戸時代」「訪問着」など）にターゲットをしぼって、その文字だけを探すようにすると、早く見つかるよ。

（2）「まとめたボードの内容を参考に」と指示されているので、テーマである「着物の種類」と「着物を着ていく機会」が確認できる。前半の会話文や、インターネット記事については、置いておこう。

　　学さんがまとめたボードから読み取れる「よさ」は、種類が多いこと。豊さんがまとめたボードから読み取れる「よさ」は、それぞれの機会に合った選択ができること。社会の記述は、深読みしないことが鉄則。資料を読んだ瞬間に感じた、「いろいろあるんだ～！」「こんな場面でも着れるのか～」という直感を大事にしよう。

（3）漢字２字で、子どもの成長の節目を祝う「〇〇式」と言うと、候補は限られる。これも深く考え過ぎず、最初に思いついた答えをササっと書いて次の問題に進もう。

2

暮らし

③ さまざまな仕事

世の中には、たくさんのお仕事があるよね。みんなが買い物をするときに直接関わる人もいれば、見えないところで生活を支えてくれている人もいる。多様な仕事があることや、昔と今でどんな変化があったのか、想像する力を身につけよう！

✦✦ ポイント ✦✦

- **買い物の多様化**…商店街、スーパー、コンビニ、大型ショッピングモール、インターネットショッピング、海外からの個人買いつけなど、買い物する場所の範囲は広がり、行ったことのないお店や行ったことのない国からも商品を買えるようになった。みんなや、みんなの家族がふだんどんなところで買い物をするか、調べてみよう。そしてそこには、どんな仕事が関わっているのか、考えてみてね。

- **仕事の種類**…1つのお店にも、たくさんの人が関わっている。買い物するときに直接関わるのはレジの店員さんだけかもしれないけど、商品を作る人、並べる人、お店を清そうする人、商品を配達する人、従業員を管理する人、商品を仕入れる人などなど…たくさんの人たちが関わっているよ。

- **見学、インタビュー**…お店見学、工場見学などはしたことがあるかな？　見学やインタビューでは、次のような注意点があるので確認しておこう。
  - ✓見学するときは、働いている人のじゃまにならないようにする
  - ✓他のお客さまの迷惑にならないようにする（さわがない、むやみに商品にさわらない、許可なく写真を撮らない）
  - ✓気になることがあったらメモして、質問する内容を事前に考えておく

- **第3次産業の増加**…第3次産業は日本経済の中心になっている業種。電気やガス、水道に関する仕事、テレビやインターネットに関する仕事、郵便や鉄道、自動車に関する仕事、スーパーなどの販売に関する仕事、銀行、娯楽、学校や塾、病院など、多くの職業が第3次産業に分類される。働く人の70%以上が第3次産業のお仕事をしているよ。

合格力アップのコツ

世の中のあらゆる職業が、密接に複雑にからみあって社会が成り立っていることを理解しよう。身の回りのすべてのものは、たとえばシャーペン1本にしても、おやつにしても、何十人何百人（もしかしたらもっと多く）の人が関わって、あなたの目の前にあることを忘れないようにしよう。

例題

No.1

みなさんの地域にあるスーパーでは、より多くのお客さまに来てもらうために、どのような工夫をしていますか。3つ書き出しましょう。

No.2

食料品の購入は、スーパーで買う以外にも、さまざまな方法があります。次の家庭には、どのような方法が最も適していると思いますか。ふだんの生活の中で見聞きしたことをもとにあなたの考えを書きましょう。

例：育ち盛りの子どもが3人、3世代6人世帯
（3世代それぞれの好みが別であり、一度に調理する量が多いことから、大型のスーパーでまとめ買いが適している）

①赤ちゃんがいる、親子3人世帯
②ご高齢の方のみ、1人暮らし世帯

ふだんの買い物から、どんなことが見えてくるかな？

例題解説

No.1

解答

[例] ①ポイントカードを作り、何度も利用することでお得な割引を受けられるようにしている

②駐車場を用意し、買い物客は無料で駐車できるようになっている

③日替わりでセールがあり、広告チラシが新聞に折り込まれている

解説

ふだんから家族の買い物について行ったり、おつかいをたのまれてスーパーに行ったりしているかどうか。そして、関心を持って周りを見ているかどうかが試される。他にも、「こまめに商品を入れ替え、新商品や人気商品を目立つよう並べている」「全国の旬のものが新鮮な状態で提供されている」「毎日の料理に必要な肉や魚、野菜などが豊富で、さまざまなサイズでそろえられている」なども正解と言えるよ。

No.2

解答

[例] ①買い物する時間や調理する時間が十分に取れないので、必要な食材だけセットになっている配送サービスが適している。

②少量ずつ個人に合わせて購入でき、近所に配送もしてくれる商店街の専門店が適している。

解説

正解はいろいろあるので、上の解答例だけが正しいわけじゃないよ。自分が出した答えについてどう思うか、保護者の方に話を聞いてみよう。そのとき、他にどんな方法があるか話し合うきっかけにしてね。

最近では、商店街が地域の高齢世帯に商品を配送するサービスを充実させることで、地域の1人暮らしのおじいさん、おばあさんに何か変化がないか見守る役目にもなっているそうだよ。

過去問チャレンジ！

No.1 2021年度山形県立東桜学館中学校
（ねんど やまがたけんりつとうおうがっかんちゅうがっこう）

（2）桜子さんは、お店の人から「インターネットを利用して、買い物をするお客様もいる」という話を聞いたことを思い出し、調べたところ、次の グラフ を見つけました。この グラフ から読み取ることができることとして正しいものを、次のア～エからすべて選び、記号で書きましょう。

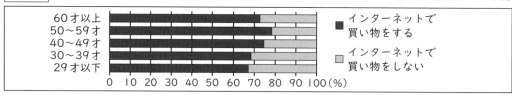

グラフ インターネットで買い物をする人の割合（平成27年）　　　（総務省の資料をもとに作成）

ア　それぞれの年れい層（そう）において、インターネットで買い物をする人の割合はすべて6割以上である。

イ　29才以下の年れい層では、インターネットで買い物をしない人の割合は20％未満である。

ウ　50～59才の年れい層は、インターネットで買い物をする人の割合が最も高い年れい層であり、その割合は3分の2より大きい。

エ　60才以上の年れい層では、インターネットで買い物をする人の割合が毎年高くなっている。

No.2 2021年度茨城県共通問題
（ねんど いばらき けんきょうつうもんだい）

資料2　インタビュー練習後の感想・反省点

【聞き手（質問する人）】
・質問したい内容を、相手にうまく伝えることができなかった。
・たくさん質問をすることができたが、くわしくきくことができなかった。
・相手の話を受け止めながら、次の質問につなげるようにしたかったが、うまくいかなかった。

【話し手（質問に答える人）】
・相手が何を知りたいのかがわからず、答えるのに困（こま）ってしまい、しばらくだまってしまった。
・質問にはできるだけ簡潔に答えるようにしたが、もっと自分の気持ちも伝えたかった。
・一つの質問から話題が広がったが、いつものおしゃべりのようになってしまった。

問題3　ひろしさんとけいこさんのクラスでは、インタビューの練習を行いました。**資料2**をもとに、インタビューをよりよいものにするために、聞き手としてあなたはどのようなことに気をつけたいと考えますか。**資料2**の内容にふれながら、あなたの考えを、理由もふくめて100字以上120字以内で書きなさい。ただし、「、」や「。」も1字に数え、文字に誤りがないようにしなさい。

過去問チャレンジ解説

No. 1

[解答]

ア、ウ

[解説]

ア すべての年代で60%は超えているので、○

イ 29才以下で「インターネットで買い物をしない」と答えた人は67％あたりから100％の範囲なので、33％ほど。20％未満ではないので、×

ウ 50〜59才を見ると、「インターネットで買い物をする」と答えた人は78％ほど。3分の2（約67％）は超えているので、○

エ 平成27年の調査だけなので、毎年どうなっているかはこの資料からはわからない。よって、×

こういう資料は、ただ解いて終わりにしたらもったいない。まず、自分でも予測してみよう。インターネットで買い物をする人というと、なんとなく若い人が多そうなイメージがあるけど、実際はあまり年代によって差はないし、一番高いのは50〜59才という結果だね。このような、ちょっとした「へ〜、そうなんだ」を大事にしよう。この話を頭の片隅に入れておいて作文で使ったり、他の機会で生かせたりすることは適性検査ではよくあるよ。

No. 2

[解答]

[例] わたしは、質問したい内容が相手にうまく伝わるように話をしたいと思います。なぜなら、質問したい内容が伝わらないと、話し手が答えるのにこまるからです。やりとりを通しておたがいの理解を深めるために、質問したい内容をはっきりさせて話をしたいです。

(119字)

[別解例]

わたしは、相手の話を受け止めて次の質問につなげるために、メモを取りながらインタビューをするようにしたいです。メモを見れば、相手が答えた内容について確認することができるので、より具体的に質問ができるからです。

(103字)

解説

記述だから少しとまどったかもしれないけれど、聞かれていることはいたってふつうの内容だよ！

相手が何を答えるべきか困っていたという反省点を生かし、質問を整理してから話すことや、ただのおしゃべりにならないよう、聞きたいことをはっきり決めて、その答えについて掘り下げていくようなメモの取り方ができると理想だね。

☑ 記述チェックポイント

①「どのようなことに気をつけたいか」と聞かれているので、気をつけたいことについてはっきりと答えを出している（〜に気をつけたい、〜するようにしたい）

②その理由が書かれている（〜から、〜ので、〜ため）

③「資料2の内容にふれながら」と指示されているので、その内容がどこかに入っている

④字数制限（100字以上120字以内）を満たす

ですから、あのですね〜
（質問したい内容をうまく伝えられない…）

え、何言ってるかよくわからないです…

4 税と暮らし

　私たちが納めている税は、どんなところで使われているかわかるかな？納めること、そして使い道を知ること、両方とても大事なこと。「難しそう」と思わず、私たちの生活に深く関わっている「税」について、しっかり学習しよう。

✦✦ ポイント ✦✦

- **公共**…公共の施設や設備、場所などがあることを知ろう。たとえば、公園、道路、病院、警察署、市役所、学校など、身近なところにたくさんある。公共施設を新しく作ったり、すでにあるものを整備したり、ゴミを収集したり、図書館などを利用したりするには、お金、つまり税金が必要なんだ。

税金には限りがあるし、誰かの要望は誰かの反対があるかもしれない。好き放題に使うことはできないので、使い道は慎重に決めないといけないね

ここに横断歩道を作ってほしいなあ…

- **税金**…さまざまな種類がある。たとえば、みんなも買い物のときにはらう消費税、今はまだ関係ないかもしれないけれど、所得税、法人税、固定資産税、ガソリン税、復興税…いろいろあるよ。日本には「入湯税」という独特な税があるけど、世界にも犬税や渋滞税なんてものもあるんだよ。

- **税金の使い道**…国に納められた税金は、公共施設に使われるだけでなく、生活の安全を守るためにも使われるよ（救急車や消防車など）。また、みんなが無料で受けられる予防接種や、毎年受ける健康診断、学校の教科書や机、いすなども税金が使われている。とても身近で大切なものなんだ。都道府県や市区町村に納められた税金は、その地方で使い道を決めて、下水道処理のためや、地域の環境を守るために使われたりするよ。

- **納税の義務**…税を納めることは、国民の義務の1つとされている。

- **歳入・歳出**…国が1つの大きなお財布を持っているとして、そこに1年間に入ってくる金額を「歳入」、出ていくお金を「歳出」と言う。1年間の歳入と歳出の計画を「予算」と言う。なお、歳出の1つに、社会保障関係費がある。

• 社会保障関係費…年金、医療、介護、子ども・子育てなどに使われる費用のことで、国の歳出のうちの3分の1をしめている。適性検査でよく出るよ。

👆 合格力アップのコツ

　適性検査では、消費税の移り変わりにからめた計算問題や、少子高齢化と関連させた社会保障費用の増加についての記述問題がよく出るよ。さら～っと表面だけの知識を覚えてわかったつもりになるのではなく、きちんと仕組みを理解するようにしよう。

✏ 例題

No. 1

　やまと君は、税金の仕組みを次のようにまとめました。①～④に入る言葉を、次のア～エの中から1つずつ選びましょう。

①税金は、（　　　　　　　）に使われ、私たちの生活を支えている。

②国や地方公共団体が政治を行うにはお金がかかる。お金は「財」とも言い、政治に必要な金を集め、管理し、使うことを（　　　　　）と言う。

③毎年、4月1日から翌3月末までの1年間の、歳入と歳出の（　　　　　）案を内閣が組み、国会が決定をする。

④国の歳入は、主に税金や、公債金である。公債金は、（　　　　　）を発行することによって借りた国の借金でもあり、発行が多くなると、次の世代に大きな負担がかかってしまう。

```
～使う言葉～
ア　予算　　　　　イ　公共施設・サービス　　　ウ　国債　　　エ　財政
```

No.2

　みなと君が家族でステーキ屋さんに行くと、「完食応援店」というポスターを見つけました。家に帰ってから調べてみると、みなと君が住んでいる市では、食品ロス削減を積極的に呼びかけたり、小盛りのメニューを作ったりしているレストランを「完食応援店」として登録し、市の広報誌やホームページで宣伝しているとわかりました。なぜ、食品ロス削減に積極的なレストランに市が協力をするのでしょうか。「税金」という言葉を使って説明しましょう。

No. 1

解答

① イ　　② エ　　③ ア　　④ ウ

解説

難しい言葉ばかりでイヤになりそうだけど、ちゃんとヒントは出ているよ！

① 「私たちの生活を支えている」とあるので、公共施設やサービスだね。たとえば、ゴミ収集もそうだよ。

② 政治をするために必要な「財」だから、財政。そのまんまだね。

③ 歳入と歳出、つまりお金の出入りを予測して組んでおくことを予算（案）と言う。

④ 公債金、つまり公の債金は、国が借りたお金のこと。国債というものを発行することで資金を借り受ける。国が借金だなんて、不思議に思うかな？　ぜひ調べてみよう。みんなが大人になるときにも影響する話だから、勉強しておこうね。

No. 2

解答

食品ロスの量が減れば、その分、ゴミの量を減らすことができ、焼きゃくする際に使う税金を節約することができる。その結果、他の目的に税を使うことができるから。

解説

「いきなり食品ロス!?」と思ったかな。食品ロスが減れば、当然、出るゴミの量は減るはずだよね。「どうして市がゴミの量を減らしたいんだろう？」と想像してみよう。税金は無限にあるわけではないので、ムダなゴミが減ることによって収集や焼きゃくの量も減り、その結果、かかる税金が少しでも減れば、他の公共サービスや、必要な目的のために残すことができる。だから、市が積極的に食品ロス削減に協力していると考えられるよ。もちろん、食品ロスは税金に関係なく減らした方がいいけど、税金面でのムダもなくせるというメリットがあるということだね！

過去問チャレンジ！

No.1 2022年度広島市立広島中等教育学校

【問題2】

　夏休みに自分が興味のあるジャンルに関するニュースや記事を新聞やインターネットで集め、考えたことを書いてくるという探求活動の課題について、いちとさんとひろこさんが話をしています。2人の会話と資料を読んで、あとの問いに答えなさい。

> ひろこさん 「いちとさん！夏休みの探究活動の宿題は終わった？」
>
> いちとさん 「いや、まだなんだ。日頃からニュースや新聞を見ていなくて、つい忘れてしまうんだよね。ひろこさんは？」
>
> ひろこさん 「私は医療について興味があるから、関係してる記事を新聞で探したり、インターネットで検索してみたりして、いくつかは集まっているわ。」
>
> いちとさん 「さすがひろこさん。どんな記事があったの？今後の参考にしたいから少し見せてよ。」
>
> ひろこさん 「うん、いいよ！」

　ひろこさんはいちとさんにインターネットで見つけたある記事〈資料1〉を見せました。

〈資料1〉

1回3349万円の白血病治療薬、保険適用を決定

> 　1回の投薬で、3349万円もする白血病治療薬が公的な医療保険でカバーされるようになる。厚生労働省は15日、白血病など血液のがんで高い治療効果が見込まれる「キムリア」の保険適用を決めた。厚労省が同日開いた中央社会保険医療協議会（中医協）で、キムリアの公定価格（薬価）を3349万円にする案を示し、承認された。22日から保険適用する。キムリアはスイス製薬大手ノバルティスが開発した。CAR-T（カーティー）と呼ばれる新たながん治療法の薬だ。患者の免疫細胞に遺伝子操作を加えて、がん細胞への攻撃力を高めてから体内に戻す。国内では初の保険適用になる。海外では米国や欧州、カナダ、スイスなどで製造・販売の承認を得ている。治療対象は白血病の患者で抗がん剤が効かなかった人などに限定する。対象は216人と見込まれている。市場規模は72億円だ。投与は1回で済む。ノバルティスの試験では、若年の白血病患者で8割に治療効果が見られた。超高額薬でも患者の負担は抑えられそうだ。公的医療保険は患者の窓口負担が現役世代で3割だ。これに加え医療費の負担が重くなりすぎないよう1カ月あたりの自己負担の上限を定めた高額療養費制度がある。例えば、年収が約500万円の人がキムリアを使った場合、40万円程度の負担で済む。大部分は税金と※1社会保険料で賄う。

出典：日本経済新聞 電子版 令和元年5月15日（https://www.nikkei.com/article/DGXMZO44794650U9A510C1MM0000/）

※1 社会保険料…病気になったり仕事を失ったりした場合に備えて、集団で共通の財産を作るために支払うお金のこと。事前に取り決められた条件に従って、必要なお金を受け取ることができる。

ひろこさん	「例えば、こんな感じかな。白血病治療薬"キムリア"についての記事だよ。」
いちとさん	「なるほど…。え？ちょっと待って！この治療薬は3349万円もするの？高すぎてお金持ちの人しか使うことができないよ！」
ひろこさん	「いちとさん、落ち着いてよく読んでみて。確かに白血病治療薬の記事だけど、大事なのはそこじゃないわよ。」
いちとさん	「え。どういうこと？お金持ちの人だけに関係のある話じゃないの？」
ひろこさん	「そんなことないよ。前の探究の授業で先生が医療保険について話をしていたのを覚えてる？医療保険というのは、国がみんなから集めたお金を使って、病気やケガになった人を支える仕組みだって言ってたよ。」
いちとさん	「ああ、そういうことか。治療薬の記事と思って読んでいたけど、この記事は日本の医療保険制度に関することについても書いてあるってことだよね。」
ひろこさん	「そのとおり！」
いちとさん	「しかも、この治療薬のような高額なものに対しては、お金を十分持っていなくても利用できる仕組みが考えられているんだね。」
ひろこさん	「そう。もしもの時に必要な医療を受けることができる仕組みになっているわ。」

〔問1〕

いちとさんはひろこさんに見せてもらった〈資料1〉についてまとめようとしています。〈資料1〉から日本の医療保険制度はどのようなものかを読み取り、30字以内で書きなさい。

/ /

2

暮らし

ひかるさん	わたしは、毎日食べているお米が好きだから、農業、特に米づくりに興味があるよ。
ゆうきさん	米づくりって弥生時代から始まったようだけど、お米は長い間、税として納められていたんだよね。
ひかるさん	そうだね。お米で納める税のしくみが大きく変わったのは、明治時代に地租改正が行われてからだね。資料4を見ると、そのちがいがよくわかるね。
ゆうきさん	明治政府は、何のために税の集め方を変えたのかな？
ひかるさん	それはね、　　　　　　　③

問3 会話文中の ［ ③ ］ にあてはまるひかるさんの説明を、資料4を見て、書きましょう。

資料4　江戸時代と明治時代の税の集め方のちがい

	江戸時代（地租改正前）	明治時代（地租改正以降）
税の基準	その年の米の収穫高	あらかじめ決められた土地の価格
税率	5割〜6割	3％
税を納める方法	米などで納める	現金で納める
税の名前	年貢	地租

過去問チャレンジ解説

No. 1

解答例

保険料を支払っておくと、医療費の自己負担額が安くなる制度。 （29字）

解説

「医療保険」と言うと少し難しい印象だけど、要するにあらかじめみんなで毎月お金を出し合っておくことで、ケガや病気をしたときに支払う金額が1〜3割で済む、という助け合いの制度。とはいえ、みんなが出した保険料だけでは足りないので、国の税金も使われているんだ。健康な人は「え〜！」と思うかもしれないけど、小さいころや小学生の今も、病院にかかるときに窓口で支払うお金がほぼなかったのは、こうやって国民みんなで支えているからなんだよ。

No. 2

解答例

収穫量は年によって変わるけど、土地の価格は変わらないので、毎年一定の税収を得ることができて、国の収入が安定するからだよ。

解説

歴史っぽい問題だからビックリしたかもしれないけど、この問題、毎年いろいろな学校でたくさん出ているんだ！　しっかり覚えておこうね。知識はなくても、資料をじっくり読めば、ちゃんと答えを出せるようになっているよ。

江戸時代は、お米の収穫高に対して、決められた割合をかけ算して払う「年貢（米）」を決めていたとわかる。これでは、豊作の年と、凶作の年で集まる年貢の量が大きく変動するのは予測できるね。

明治政府は、西洋のような強国と対等に肩を並べる国を目指すために安定した財源が必要だった。そのために、不安定な年貢ではなく、「地租（土地の価格）」をもとにして現金で税を納めさせたんだ。これにより、政府は安定した収入を得ることができたんだね。

自己採点のポイント

そこでおすすめなのが
解答例を書き写すこと

じゃーん

名付けて
「解答書き写し
大作戦！！」

…そのまんまの
ネーミングだね…

そう！
自分の解答の下に
スペースを
取っておいて
そこに解答例を
書き写すんだ

1 （1）

自分の答え

解答例を写すスペース

1 （2）

接続詞の使い方や
書き言葉の
練習にもなるし

自分の答えとの
ちがいも確認できる！

マル？バツ？と
悩むよりも
写す！

次に
生かせるね！

最初からこの
スペースを取っておく。

「ちょっと解答例と
ちがうかも？」と感じたら
空白に解答例を写そう。

解答例は、マルバツを
つけるペンとはちがう
色で書くといいよ

マルバツは
赤で！

解答例は
青で！

書き写すことで
こういうテーマのときは
こういう答えが
求められるんだなーと
勉強になる！

記述のマル付けは
モヤモヤしてしまう
ものだから、そこで
モチベーションを
下げずに写すことで

参考にして終了！
次！と気持ちを
切り替えよう

ハイ、次！

そうだね！
どんどんチャレンジ
するぞ〜！！

メモに
使ってね！

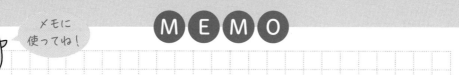

MEMO

第③章

せいさん
生産とネットワーク

日本の農業

農業、特に稲作は日本人の暮らしに深く関わっているよ。日本の農家が直面している課題や自給率の問題、スマート農業、6次産業化など、幅広く出題されている分野だね。ここでは、稲作と野菜作りに注目して学んでいこう！

✦✧ ポイント ✦✧

【日本の農業の特徴】

- 米…特に東北・北陸地方で稲作がさかんに行われている。夏に気温が上がり、雪どけ水が豊富にある点が稲作に適しているよ。

- 野菜…各地で、それぞれの地域の気候・特徴を生かした野菜が生産されている。東京などの大都市の近くで生産することを「近郊農業」と言い、新鮮な状態で出荷できるというメリットがある。都市から遠いところでは、時期をずらす生産も行われているんだ。たとえば、促成栽培（ビニールハウスなどを利用して早く育てること）、抑制栽培（すずしい高原地帯の気候を利用して成長をおくらせること）によって、販売価格を上げられるというメリットがある。また、消費者にとっても、旬に関係なく年間を通して購入できるというメリットがあるよ。

- 農業の変化…今は、大型機械を使って効率よく農業を行っている。たとえば、ビニールハウスやプールを使って苗を育てたり、トラクターやコンバインといった機械を使ったりする。ただし、機械は高額になることから、複数の農家で共同購入（お金を出し合って買うこと）をして、順番を決めて使っているところもあるよ。

- 農業の課題…高齢化が進み、農業従事者、特に若い世代の働き手が減少している。また、海外から安く輸入される農産物の影響や、天候によって収入が不安定になる、効率のよい作業のための機械購入や農薬・肥料の購入費用負担が大きいといった理由から、農業以外の仕事もして収入を得ている兼業農家が多くなっている。

- 稲作の課題…食の洋風化など、主食として食べる米の量は減り、昭和の初め

ごろと比べると1人あたりの消費量は半分以下になっているよ。米を余らせないよう、国によって減反政策が進められた。

- 地産地消…生産したものを、その地域で消費すること。輸送にかかる時間や距離が短く済み、新鮮なまま出荷できるので、輸送時に出る二酸化炭素排出量をおさえ、環境の負担を減らすことができる。

- 6次産業化…農産物の価値を高め、生産者の収入を上げることを目的に、第1次産業（農業や水産業）が加工や販売も行うこと。加工は第2次産業、販売は第3次産業にあたるので、1×2×3＝6次産業と名付けられている。

合格力アップのコツ

適性検査では、単なる暗記ではなく、自分の言葉で論理的に説明できるかどうかを試されるよ。たとえば、「促成栽培とは何か」ではなく、「何のために促成栽培をするのか」という問い方をされるので、言葉の意味はもちろん、理由までしっかり理解したうえで、わかりやすく説明しないといけない。ふだんから言葉の意味を知って終わりにせず、「なぜだろう？」「だれにメリットがあるんだろう？」と考える習慣を持とうね。

Q 6次産業化が足し算ではなく、かけ算の理由は？

6次産業化は知っているけど…

適性検査では「なりたち」「目的」「理由」など、興味を持って調べた人や学ぶ姿勢を持っている人しか知らないこともよく聞かれるよ。

A 第1次産業がゼロになると、かけ算の結果もゼロになることから、どれも欠けてはならず、大切に守らないといけない、という意味が込められているから。

例題

No.1

　みのりさんは、家族旅行に出かけたときに立ち寄った道の駅で、野菜売り場の商品の近くに、次のような表示がされているのを見つけました。なぜ、このような工夫がされていると考えますか。あなたの考えを書きましょう。

No.2

　いつき君がおじいさんと一緒に散歩しているとき、おじいさんが田んぼを指さし、昔は小さな田んぼがたくさんあり、細いあぜ道や水路で遊んだという話をしてくれました。どうして今と昔で田んぼの大きさが変わったのか不思議に思ったいつき君は、インターネットを使って調べ、次のようにまとめました。

> 　日本の国土はせまく山が多いことから、区画の小さな農地が多く、地形に合わせて不規則な形をしていた。このような区画は、作業する人が移動するための道路がせまく、効率よく用水の確保や排水が行えず、多大な労力がかかっていた。その後、用排水路や広い農道を整備し、区画を四角形に整形・拡大することで、<u>より効率よく農業を行う</u>ことが可能になった。

　下線部に「より効率よく農業を行う」とありますが、区画整備を行うとなぜ効率がよくなるのでしょうか。考えて書きましょう。

例題解説

No. 1

解答

[例] 生産者の名前や顔をのせることで、安心してこう入してもらうため。

解説

最近は、スーパーで売られている野菜にもこのようなポップ（商品を紹介するための小さな広告）を見かけるね。買い物について行ったときは探してみよう。
どこのだれが生産したのかわからないものよりも、生産者がわかる商品の方が安心するもの。また、生産者の言葉で野菜の特徴を紹介することで、より魅力が伝わることや、顔写真があることで生産者を身近に感じて応援したくなるという心理が働き、購入につなげるねらいがあるんだ。

No. 2

解答

[例] 大型の機械が入ることができ、短時間で作業をすることが可能になるから。

解説

農地が整備されれば、確かに作業はしやすくなり、大型の農業機械が入れるようになると作業時間も短縮できる。しかし、農地整備には当然、費用がかかる。このような整備事業は国、県、市が負担をしているけど、一部はその地域で負担しなければならない。また、棚田など古くから続いてきた景観を壊すことにもなるので、住民の声をよく聞き、景観や自然を守りながら整備することが大切だよ。

過去問チャレンジ！

（１）さやかさんたちは、福島県産の農産物について調べるために、近所の*道の駅に行きました。次は、そのときの会話の一部です。

*道の駅：国により登録された、店や休けい所、公園などを利用できる施設

さやか

としき

さやか：たくさんの福島県産の果物が売られているね。

としき：でも、⑧2011年に起きた東日本大震災の影響で農産物の価格が低くなるなど、苦労した農家の人が多かったとお母さんが話していたよ。どのような苦労をしたのか調べてみたいな。

さやか：きっと、たくさんの工夫や努力があったのだろうね。ここに⑥農家の人が自分で栽培したももでつくったジャムがあるよ。

としき：果物を栽培するだけではなく、どうしてジャムをつくっているのだろう。

〈資料1〉
福島県産果物1kgあたりの平均価格と福島県の*農業人口

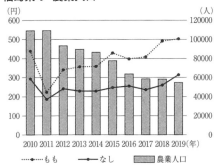

※ 農業を行っている人のうち「農業のみを行っている人」と「農業を中心に他の仕事もしている人」の合計

（農林水産省「農林業センサス」「農業構造実態調査」、東京都中央卸売市場「市場統計情報」により作成）

〈資料2〉 ある農家の人たちの取り組み

（取り組み前）
生産 ⟹ 売上高 7500万円

（取り組み）
生産 → 加工 → はん売 ⟹ 売上高 1億2500万円

（政府広報オンライン「『農林漁業の6次産業化』とは？」、農林水産省「6次化の取組事例集」により作成）

　①、②の問いに答えなさい。

①としきさんは、下線部⑧のことを聞いて、東日本大震災の後の農業について調べると、〈資料1〉を見付けました。〈資料1〉からいえることは何ですか。次のア〜エの中から1つ選び、記号でかきなさい。

ア　農業人口が多い年ほど、ももの1kgあたりの平均価格は高い。

イ　農業人口が前年より少なくなった年はすべて、なしの1kgあたりの平均価格も低くなっている。

ウ　農業人口が最も少ない年は、なしの1kgあたりの平均価格も最も低い。

エ　農業人口が前年より少なくても、ももの1kgあたりの平均価格が前年より高くなった年がある。

②さやかさんが、下線部⒤のジャムについてお父さんに話すと、〈資料2〉を見せてくれました。このような取り組みをしている農家の人たちの目的は何ですか。〈資料2〉から読み取れることにふれて、「生産だけではなく、」の後に続けてかきなさい。

② **農業体験学習**

　もえこさんは、総合的な学習の時間に、田植えの体験学習を行い、稲作農家の木村さんと次のような会話をしました。

> 木　村：今日は、手で苗を植える方法を体験してもらいましたが、今は田植機械で植えることが一般的です。
>
> もえこ：昔と今では、農業の仕事は大きく変わったのですね。
>
> 木　村：そうですね。一方で、最近は<u>A農業をする人が少なくなり、農家の数も減っています。高齢化や人手不足は深刻な問題</u>となっています。
>
> もえこ：私もこの問題について、調べてみようと思います。

　もえこさんは、下線部Aについて調べ、次の資料1、資料2、資料3を見つけました。

資料1【岩手県の農家の戸数の推移】

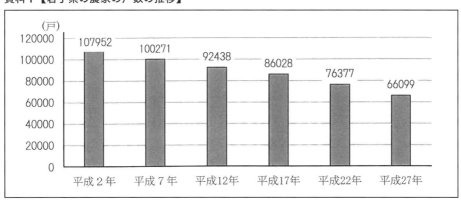

（岩手県調査統計「農林業センサス（2005、2010、2015）」より作成）

資料2【岩手県の農家の戸数の内訳】

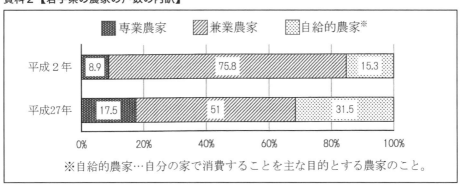

※自給的農家…自分の家で消費することを主な目的とする農家のこと。

（岩手県調査統計「農林業センサス（2005、2010、2015）」より作成）

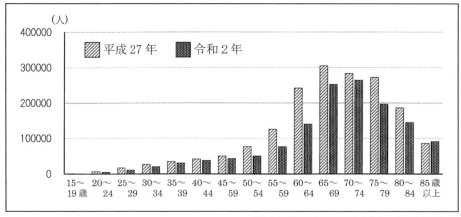

（農林水産統計「2020年農林業センサス」より作成）

問1 次の（1）、（2）の問いに答えなさい。

（1）**資料1**について、平成2年から平成27年までの間に、岩手県の農家の戸数はどれくらい減っていますか。上から2けたのがい数で答えなさい。

（2）次の**ア～エ**について、**資料1**、**資料2**、**資料3**からわかることとして、適切なものには○、適切ではないものには×を書きなさい。

ア 全国における平成27年の農業従事者数は65～69歳が最も多いが、令和2年の農業従事者数は70～74歳が最も多い。

イ 人口に対する農業従事者のしめる割合は、岩手県は全国よりも高い。

ウ 岩手県の農家の戸数の内訳で、専業農家の割合は、平成2年から平成27年までの25年間の中では、平成27年が最も高い。

エ 岩手県の平成27年の兼業農家数は、平成2年の兼業農家数の半分以下である。

No.1

解答

① エ

②（生産だけではなく、）加工とはん売も行い、売上を上げること。

解説

① 1つずつ見ていこう。

ア 農業人口はおおむね減り続けているね。でも、もも（点線）は上がったり下がったりしながら、11年以降はだんだん回復している。農業人口と逆の変化が起きているので、×。

イとウ 18年と19年を見てみよう。農業人口は減り、19年が最も低いね。でも、なし（実線）のグラフは上がっているので、×。

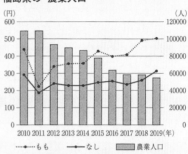

〈資料1〉
福島県産果物1kgあたりの平均価格と
福島県の※農業人口

※ 農業を行っている人のうち「農業のみを行っている人」と「農業を中心に他の仕事もしている人」の合計
（農林水産省「農林業センサス」「農業構造実態調査」、東京都中央卸売市場「市場統計情報」により作成）

② 6次産業に関する問題はよく出題されるので、しっかり確認しておこう。最近は、廃校（閉校になった学校）を利用した6次産業化の事例もあるよ。学校のプールや体育館を使って野菜などを栽培し、それを校舎を再利用したレストランで提供する、などのケース。観光客が訪れるきっかけになり、地域の活性化や働く場所の増加といった効果があるよ。

No.2

解答

（1）42000（戸）　（2）ア：○　イ：×　ウ：×　エ：○

解説

（1）107952－66099＝41853

「上から2けたのがい数」と指示されているので気をつけよう。

4 1 8 5 3
↑
ここまで必要なので、 4 2 0 0 0

（2）1つずつ見ていこう。

アは、農業従事者の話をしているので資料3を確認するよ。棒グラフが2本あるので混乱するけど、落ち着いて1本ずつ見よう。平成27年は、65〜69歳が最も高い。そして、令和2年は、70〜74歳が最も高い。アは○。

イは、全国の割合はわからないので、確認できない。×になるね。このように、「あたえられた資料からわからない」選択肢は、自信を持って×にしよう。

ウは、内訳の話をしているので、資料2を見よう。専業農家は、一番左側だね。確かに平成27年の方が割合は高いけど、平成2年と比べているだけなので、

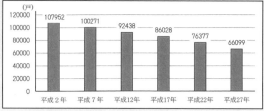

資料1【岩手県の農家の戸数の推移】

（岩手県調査統計「農林業センサス（2005、2010、2015）」より作成）

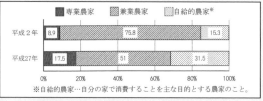

資料2【岩手県の農家の戸数の内訳】

※自給的農家…自分の家で消費することを主な目的とする農家のこと。

（岩手県調査統計「農林業センサス（2005、2010、2015）」より作成）

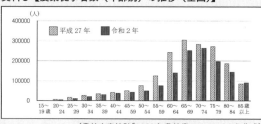

資料3【農業従事者数（年齢別）の推移（全国）】

（農林水産統計「2020年農林業センサス」より作成）

その間にどんな変化があったのかは、ここからはわからない。資料2からは、「25年間の中で」は調べられないので、×になる。

エは、農家数の話。中でも兼業農家数について比べているので、資料1、2の両方使わないといけない。まず、平成27年の兼業農家数を調べよう。資料1から、平成27年の農家戸数は66099とわかり、資料2から、そのうちの51％が兼業農家だとわかる。次に、平成2年を調べよう。資料1から農家戸数は107952、資料2から、そのうちの75.8％が兼業農家だとわかる。

ここで、計算時間を短縮するためにひと工夫。社会（資料問題）の計算問題では、「半分以下」「およそ3倍」など、おおまかな比較をして、○か×か答えさせるものがよくある。このような問題は、正確に計算しなくても、「およそ」の計算で答えがわかることが多い。まずはがい数で計算してみて、○とも×とも判断できないギリギリの差のときだけ、細かく計算するようにしてね！今回は、66099は66100、51％は「半分（50％）」とすると、33050だね。107952は108000、75.8％は「4分の3（75％）」とすると、108000÷4×3＝81000。比べると、33050は明らかに81000の半分以下。よって、エは○。

「数値・割合で答えなさい」という指示があるときは、勝手にがい算することはできないけど、「比べたいだけ」の場合は、まずはがい算→判断できなければ細かく計算、というように2段階で考えよう。時間の短縮になるよ！

2 日本の漁業・水産業

暖流と寒流がぶつかる日本近海では、魚以外にも貝類や海藻類など、たくさんの水産物をとることができる。日本は世界の中で見ても魚の消費量が多く、昔から主菜だけでなく、「だし」としても活用してきたんだ。しかし、今は魚介類の自給率は50％台となり、また魚よりも肉に主菜が移り変わってきた。日本における水産業の課題もしっかり確認しよう。

✦✧ ポイント ✧✦

- **水産物の輸入**…お寿司屋さんで人気のサーモンやマグロ、えびの多くは輸入にたよっている。

- **日本の漁業がかかえる課題**…働き手の減少と、高齢化が進んでいる。

- **200海里水域問題**…その国の領土から200海里（約370km）より内側は、「排他的経済水域」と言って、他国の船は自由に漁をすることはできなくなった。これにより、日本の漁獲量は大きく減少した。

- **遠洋漁業**…何か月、何年という長い期間をかけて、遠くの海で漁をすること。資源（魚の数）の減少や、200海里の制限により遠洋漁業の漁獲量は減少した。

- **沖合漁業**…数日で帰ってこられるところで漁を行って、さば、いわし、さんま、あじなどをとる。今、日本の中で最も漁獲量が多い漁業。

- **沿岸漁業**…遠洋漁業や沖合漁業に比べて小さい船で魚介類をとる。日本における漁師のほとんどが沿岸漁業を行っている。

- **つくり育てる漁業**…自然の影響を受けやすい「とる漁業」とは異なり、人の手によって、卵や稚魚を管理し育てること。つくり育てる漁業は、大きくなるまで育てたり、自然にかえしたりすることで、安定した漁獲量を確保するために行われている。栽培漁業、養殖漁業、場づくりの3つが「つくり育てる漁業」の代表だよ。

- **栽培漁業**…自然界では生き抜くことが難しい卵や稚魚の時期を人の手で大切に管理する。ある程度大きくなってから自然に放流し、成長したものをとる

漁業。

- **養殖漁業**…いけす（プールのようなもの）で稚魚を育て、出荷できる大きさまで育てる。栽培漁業とのちがいは、自然にもどさない、という点。

- **場づくり**…埋め立てや沿岸部の開発によって失われた「藻場（海藻がたくさん生えている場所）」を作ったり、海の底に魚のすみかになる「人工海しょう」をしずめたりして、魚が住みやすい環境を作り、資源（魚介類全体）を増やそうとする取り組みのこと。特に藻場は「海のゆりかご」とも呼ばれ、産卵場所や稚魚の成育場所になるだけでなく、水質をよくする効果がある。

- **水産エコラベル**…水産資源や海の環境に配慮した方法でとられた水産物ということを示すマーク。これにより、消費者自らが選んで環境に配慮した水産物を購入できるようになった。2012年以降のオリンピック・パラリンピックでも、水産エコラベルつきの食材が選手村で提供されている。

合格力アップのコツ

　農業と同じように、漁業も労働力や自給率に関する課題を抱えている。あまり身近ではないかもしれないけど、生産や暮らしを守るために「今、どんな取り組みがされているか」「あなたには何ができるか」といった記述問題はよく出る。ふだんの食事に使われている食材や、スーパーで売られているものがどこから来ているのか、どんな人が関わっているのか、関心を持って調べるようにしよう。

例題

No. 1

　現在、日本で行われている「ふぐ漁」は地域によって禁漁期間（漁をしてはいけない期間）が定められています。また、漁ができる期間も、釣り針の大きさを制限したり、小さいふぐは海にもどしたりなどの工夫をしています。何のためにこのような取り組みをしているのでしょうか。あなたの考えを書きましょう。

No. 2

　漁業には、とる漁業と、つくり育てる漁業があります。つくり育てる漁業の種類を2つ答えましょう。また、とる漁業と比べて、つくり育てる漁業にはどのような利点があるでしょうか。2つ書きましょう

例題解説

No.1

解答

[例] とり過ぎによる減少や絶滅を防ぎ、ふぐを保護するため。

別解例

ふぐの減少や絶滅を防ぎ、ふぐ漁を行う漁師の収入を守るため。

解説

乱獲（むやみにとり過ぎること）や、埋め立てによる産卵場所の減少などによって、日本のふぐの漁獲量は減少しているんだ。禁漁期間には稚魚を放流したり、地域の子どもたちにふぐについて教える授業を行ったりと、命や資源を守る大切さを伝える活動もしているよ。

No.2

解答

【つくり育てる漁業の種類】

①養しょく漁業　　②さいばい漁業

【利点】

①自然に生息する魚を減らさず、環境を壊さない点

②安定して計画的に生産できる点

解説

各国が管理する海の範囲を決めたことにより（200海里水域）、遠洋漁業や沖合漁業の生産が減ってしまったんだ。そこで、日本で必要な消費量をまかなうために、安定して生産できる「つくり育てる漁業」に力を入れた、という流れをとらえよう。

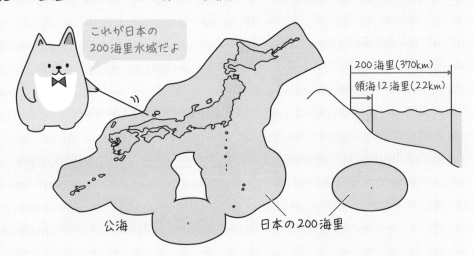

これが日本の200海里水域だよ

200海里（370km）
領海12海里（22km）

公海　　　　日本の200海里

過去問チャレンジ！

2　ふゆのさんは、滋賀県の水産業について調べ、びわ湖の漁獲量に関する**グラフ2**を見つけました。

グラフ2　びわ湖の総漁獲量と内訳

（近畿農政局 滋賀農政事務所「滋賀農林水産統計年報」・農林水産省「内水面漁業生産統計調査」より作成）

（1）3つの円グラフについての説明として正しいものを、次の**ア**から**エ**までの中から1つ選んで、記号で答えましょう。

ア　1959年と1989年を比べると、魚類の漁獲量は約4000トン減少した。

イ　1959年と1989年を比べると、貝類の漁獲量は5000トン以上減少した。

ウ　1959年と2019年を比べると、びわ湖の総漁獲量は10％以下に減少した。

エ　1989年と2019年を比べると、エビ類の漁獲量は約半分に減少した。

ふゆのさん：60年間で、漁獲量が大きく減少しているんですね。

林さん　　：そのとおりです。理由の1つに、ニゴロブナなど、びわ湖に昔からすむ在来魚の数のえいきょうが考えられます。そこで滋賀県では、**資料3**のように「魚のゆりかご水田」という

資料3　魚のゆりかご水田

（滋賀県ホームページより作成）

取り組みを行い、在来魚が水田に上がれるようにしています。外敵が少なくエサとなるプランクトンも多い水田で、魚の子どもが生まれ、育つことができます。

（2）滋賀県では、びわ湖岸のヨシ帯を増やす取り組みも行っています。「魚のゆりかご水田」と、ヨシ帯を増やす取り組みとに共通しているのは、どのようなところでしょうか。

資料4　ヨシ帯と在来魚の関係

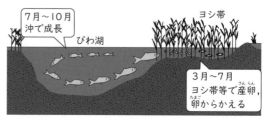

（滋賀県ホームページより作成）

3
生産とネットワーク

林さんの話と、**資料3**、**資料4**を参考にして、取り組みの目的をふくめて書きましょう。

ふゆのさん：漁獲量の減少について、他に考えられる理由がありますか。

林さん　　：食生活の変化なども、関係すると思われます。そこで滋賀県では、水産業の将来を考えて、さまざまな取り組みをしています。たとえば、「琵琶湖八珍」という取り組みがあるんですよ。

（3）林さんの話を聞いて、ふゆのさんは「琵琶湖八珍」と食生活について調べ、滋賀県の水産業の将来について考えたことをノートにまとめました。**ふゆのさんのノートの** （う） **について、あなたならどのように書きますか。ふゆのさんのノートの**《調べたこと》**をもとに「消費」という言葉を使って書きましょう。**

ふゆさんのノート

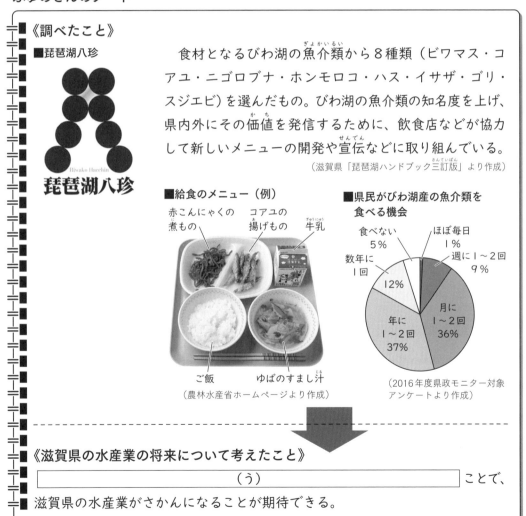

《調べたこと》

■琵琶湖八珍

琵琶湖八珍
Biwako Hacchin

食材となるびわ湖の魚介類から8種類（ビワマス・コアユ・ニゴロブナ・ホンモロコ・ハス・イサザ・ゴリ・スジエビ）を選んだもの。びわ湖の魚介類の知名度を上げ、県内外にその価値を発信するために、飲食店などが協力して新しいメニューの開発や宣伝などに取り組んでいる。

（滋賀県「琵琶湖ハンドブック三訂版」より作成）

■給食のメニュー（例）

赤こんにゃくの煮もの　コアユの揚げもの　牛乳

ご飯　ゆばのすまし汁

（農林水産省ホームページより作成）

■県民がびわ湖産の魚介類を食べる機会

- 食べない　5%
- 数年に1回　12%
- 年に1～2回　37%
- 月に1～2回　36%
- 週に1～2回　9%
- ほぼ毎日　1%

（2016年度県政モニター対象アンケートより作成）

《滋賀県の水産業の将来について考えたこと》

（う）　ことで、滋賀県の水産業がさかんになることが期待できる。

No. 1

解答

（1）イ

（2）びわ湖に昔からすむ魚が産んだ卵がかえりやすいところや、稚魚が成育するための環境を整え、漁獲量を増やそうとしているところ。

（3）知名度を上げたり、学校給食のメニューに加えたりして、県民によるびわ湖産の魚介類の消費をこれまで以上に増やしていく

解説

（1）**ア**　魚類の漁獲量を比べているね。"約" 4000トン減ったかどうか知りたいから、計算も "約"、つまりおよそで計算しよう。きっかり細かな数字が知りたいわけではないからね！

1959年は、8853の23.8％。およそ25％、つまり4分の1と計算しよう。そうすると、8853は8800と考えると計算しやすそう。8800÷4＝2200としよう。

1989年は、4825の69.3％。なるべく簡単にがい数の計算をするため、4825➡4800にして、69.3％➡3分の2にすると、4800÷3×2＝3200と出せるね。

また、4825➡5000にして、69.3％➡70％とすると、5000×0.7＝3500と出る。どちらにしても、1959年よりも増えている。アの選択肢では「約4000トン減少」とあるので、×。このように、がい数で計算し、おおむね○か×か素早く判断して、次の選択肢に移ろう。

イ　次は、貝類を比べている。1959年は、8853の73.9％。先ほどと同じように、8853➡8800としよう。73.9％は、75％、つまり4分の3とみなすと近い答えが出せそう。8800÷4×3＝6600。

1989年は、4825の14.3％。10％は482なので、その倍の20％でも1000は超えない。よって、1959年（およそ6600）と比べて5000以上減っているとわかる。

ウ　今度は、2019年と比べていることに注意。先ほどまでは1989年だったけど、次は2019年の円グラフを使うよ。1959年の総漁獲量は8853トンなので、10％以下ということは、885.3トン以下になっているはず。でも、2019

年を見ると、896トンなので、近いけど10％以下ではないね。

エ　最後に、1989年と2019年を比べる。また組み合わせが変わったので、うっかりまちがえないようにしよう。今回も"約"半分と言われているので、およその計算をしていくよ。

1989年のエビは、4825の16.4％。ここでワンポイント。6分の1が16.66…％だと覚えている人は、×0.164をせずに、「だいたい6分の1だから6で割ろう」とラクをすることができるよ。4825➡4800と考えて、6で割ると800。この半分ということは、2019年のエビがだいたい400になっていれば○になる。見てみると、896のうち、エビは8.3％。10％で89.6だから、8％台ならもっと少ない。400には、とうてい届かないので、×だとわかる。

今回は、たくさんのがい数計算が登場したね。選択肢に「約」や「以上」という言葉が使われているときは正確な数値は求められていないので、1つずつ細かく計算するのではなく、およその数で素早く○×を判断しよう。そのとき、分母が1～6くらいまでの分数については、何％にあたるか覚えておくと、より早く計算できるよ。

覚えておくと
時短になるよ！

$\dfrac{1}{2}$	$\dfrac{1}{3}$	$\dfrac{2}{3}$	$\dfrac{1}{4}$	$\dfrac{3}{4}$	$\dfrac{1}{5}$	$\dfrac{1}{6}$
50％	33.3％	66.7％	25％	75％	20％	16.7％

※上表のうち、分母が3と6については割り切れないので、「およそ」の％。

（2）まず、目的から先にはっきりさせよう。「漁獲量が大きく減少している」というふゆのさんの話から始まっているので、目的は「漁獲量を増やすため」。会話全体の流れをつかむようにしてね。「魚を守るため」は△だよ。

次に、「林さんの話と、資料3、4を参考にして」と言われているので、会話と2つの資料に共通する内容を探そう。在来魚、育つ・成長といった共通点が見つかるね。

ここまでをまとめると、在来魚を育てる（成長）、漁獲量を増やそうとしている、という答えの方向性が決まる。あとは、「取り組み」についての話なので、どうやって育てているのか、を考えよう。

資料3では安全に魚の子どもが生まれ育つように水田にあげ、資料4では産卵場所であるヨシ帯を増やしている。つまり、産卵や成長しやすい環境を整える取り組み、とまとめることができるね。

☑ 漁獲量を増やす、という目的が書かれていること
☑ 産卵と、成長（成育）のための環境づくりという取り組みについて書かれていること
☑ 林さんの会話と資料4のタイトルから、在来魚（昔からすむ魚）、という単語が入っていること

（3）「ふゆのさんのノートの《調べたこと》をもとに」と言われているので、まずは「調べたこと」の情報を整理しよう。
　①琵琶湖八珍について、内容や目的、取り組みが書かれている
　②給食のメニューの画像を見ると、びわ湖でとれる魚介類であるコアユが使われていることがわかる
　③円グラフを見ると、県民でもびわ湖産の魚介類を食べる機会はあまり多くなさそうだとわかる
　この3つが読み取れるね。また、「考えたこと」の空欄の後ろには、「滋賀県の水産業がさかんになることが期待できる」とあるので、水産業がさかんになりそうな取り組みについて書かなければいけないと予想できる。
　水産業をさかんにするためには、まずは県民が食べる機会を今以上に増やした方がよさそうだね。さらに知名度を上げ、県内外からも必要とされたり、給食のメニューとして使われたりすると、大量の消費につながり、水産業がさかんになることが期待できそうだね。

☑「調べたこと」をもとにと言われているので、①琵琶湖八珍の説明、②給食の画像、③円グラフのすべてからバランスよく情報を使っていること（たとえば、①は知名度や発信、メニューの開発や宣伝といった言葉、②は「給食のメニュー」という言葉、③は県民や機会という言葉を使う）
☑ 条件である「消費」という言葉を使うこと
☑ 水産業がさかんになることが期待できる内容になっていること（消費を増やすことにつながる内容になっていること）
☑ 空欄の後（「…ことで、」）につながる文章になっていること（句点〈。〉を入れると文がそこで途切れてしまい、空欄の後につながらなくなるよ）

③ 運輸

「運輸」と聞くと、大型船や貨物など、世界を結ぶものの流れを想像するかもしれないけど、みんながふだん乗っているバスや電車も、運輸機関の1つだよ。便利な生活や産業の発展を支える運輸について学ぼうね！

✨ ポイント ✨

- **フードマイレージ**…食料の輸送量と移動距離をかけ合わせ、食料ごとの環境にあたえる負荷をわかりやすく数値で示したもの。日本は国民1人あたりのフードマイレージが高い。

- **コールドチェーン**…生産地から販売店や消費者まで、冷たい状態をキープしたまま運ぶ一連の流れのこと。チェーンは「くさり」の意味で、輸送や保管などすべてがつながっていることを表す。みんながアイスを買うことができるのも、冷凍状態で運送できるから。全国各地の物流倉庫で冷蔵・冷凍の状態で保管し、その状態のまま運ぶことができるので、新鮮な状態で必要なところまで運送できる。野菜などの食料品だけでなく、医薬品、輸血用の血液など、医療分野にも生かされているよ。

- **モーダルシフト**…複数の輸送機関を組み合わせて目的地まで運ぶ仕組みのこと。たとえば、すべての移動をトラックで行うより、途中、大量輸送できる鉄道やフェリーを組み合わせることで、二酸化炭素排出量を減らすことができたり、労働力を減らしたりできる。二酸化炭素排出量が減れば、環境へあたえる影響を少なくでき、必要な労働力をおさえられれば、輸送にかかるコスト（費用）が減ることにもなる。

【各輸送方法のメリット】

- **自動車**…高速道路の発展や、道路環境の向上により、トラックによる長距離輸送や、個人による長距離移動ができるようになった。目的地まで直接移動できるというメリットがある。たとえば、インターネットで購入した荷物は、みんなの家の玄関先まで直接届けてくれる。

- **船**…一度にたくさんの貨物をコンテナで運ぶことができるので、時間はかかるものの安いというメリットがある。また、コンテナはそのまま貨物列車や

トラックの荷台に乗せ、次の目的地へ運ぶこともできる。

- 飛行機…自動車や船と比べると、圧倒的に早く目的地まで荷物を運ぶことができる。

- ドローン…医薬品や少量の生活用品などをドローンで運ぶ実験が始まっている。二酸化炭素を排出せず、目的地まで直進の最短距離で運ぶことができる。

👉 合格力アップのコツ

　運輸は私たちの便利な生活と切り離せないけど、同時に環境へあたえる影響も大きく、考えないといけない課題は多い。より環境負荷の小さい方法を探したり、自分ができる方法を考えたりする必要がある。「運輸？　関係ない！」と思わず、自分がふだん使っているものや口にしているものが、どこからどうやって運ばれてきたのか、調べてみよう。

✏ 例題

No.1

　地域で生産されたものを、その地域で消費することを「地産地消」と言います。地産地消のよさを答えましょう。そのとき、「二酸化炭素」という言葉を使って説明することとします。

No.2

　工業地域や工業地帯は主に海沿いにありますが、内陸（海に面していない地域）にも工業がさかんな地域があります。その理由について、次の空欄にあてはまる記号をそれぞれ選びましょう。

「　　①　　」や鉄道など「　　②　　」の発展により、「　　③　　」が調達しやすく、そして「　　④　　」から「　　⑤　　」を輸送しやすくなったため。

ア：工業　　イ：沿岸部　　ウ：内陸部　　エ：原料　　オ：高速道路
カ：工業製品　　キ：交通網

No.3

　時代の変化とともに、製品を輸送できる量や距離は大きく伸びました。現在、日本における貨物輸送について輸送量（※t・km）を調べてみると、自動車に比べ鉄道の割合は低いことがわかりました。ですが、鉄道輸送には利点もあります。鉄道輸送が適していることと、他の輸送方法と比べた利点について説明しましょう。

※t・km…運ぶものの重さと、運ぶ距離をかけ合わせたもの。3tのものを10km運ぶとき、「30t・km」と表す。

例題解説

No.1

解答

輸送する距離が短いため、排出される二酸化炭素を減らすことができる。

解説

遠くの国から輸入したものと、近くの地域でとれたものでは、消費者に届くまでの輸送時に出る二酸化炭素の量は大きく変わる。また、国内においても、たとえば九州から東京まで運ぶのと、東京でとれたものを東京のスーパーまで運ぶのを比べると、距離が短くなるほど輸送時の環境負荷をおさえることができるよね。

ただし、近距離の輸送にも課題があり、「地産地消をすれば二酸化炭素排出量を減らすことができる」とは言えない場合もあるよ。遠くから運ぶ場合は、船や鉄道輸送など、大量に遠くまで一気に運ぶことができる。近い距離、たとえば隣の市などから運ぶ場合は、小型のトラックを使って運ぶことになる。少ししか荷物をのせられないので、その分、何度もひんぱんに運ぶことになるんだ。

さらに、船や鉄道と比べ燃費（一定の距離をどれだけの燃料で走ることができるかを示す指標）が悪く、近くても二酸化炭素排出量を削減できていないこともある。生産物ごとにどんな手段でどこから輸送されるのかきちんと考えて、環境にあたえるダメージの少ない方法を探す必要があるね。

No.2

解答

①オ　②キ　③エ　④ウ　⑤カ

解説

基本の確認。「交通網の発展」という言葉は使えるようにしておこう！　工業製品を作るときに必要なものを「原料」、作ったものを「工業製品」と言う。たとえば、自動車は高速道路を使って必要なパーツを工場から工場へと輸送しながら、小さな工場や大きな工場でそれぞれ分担して1台の車を作っているんだよ。

No.3

解答

（鉄道は、）重いものを大量に、遠くへ輸送する（のに適している。）

（また、他の輸送方法と比べ、）自然環境に対する負荷が小さい（という利点がある。）

鉄道は、決まったレールの上しか走れないけど、同じ量を運ぶときに必要とするエネルギーは自動車や飛行機と比べると少なく済む。たとえば、同じ量・同じ距離を運ぶ場合、鉄道で貨物を運ぶときにかかるエネルギーを１とすると、トラックはその２倍以上もエネルギーが必要だと言われているよ。

また、交通渋滞に巻き込まれることがないので、予定していた時間通りに輸送できる確率が高い、という利点もあるね。

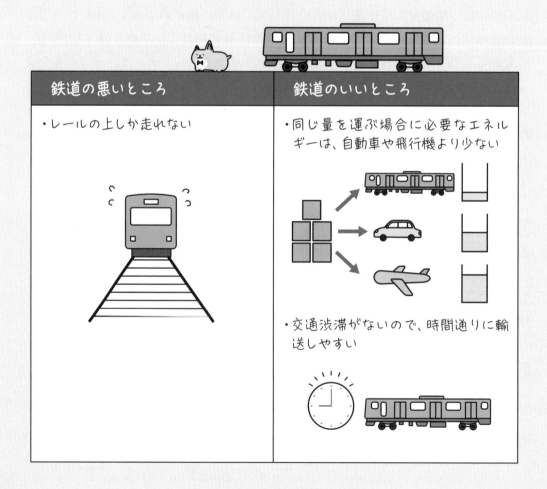

鉄道の悪いところ	鉄道のいいところ
・レールの上しか走れない	・同じ量を運ぶ場合に必要なエネルギーは、自動車や飛行機より少ない ・交通渋滞がないので、時間通りに輸送しやすい

過去問チャレンジ！

【太郎さんと先生の会話②】

先　　生：今は何を調べているのですか。

太郎さん：今は、資料２を使って、国内の人や貨物の輸送量の変化について調べているところです。

先　　生：それはよい視点ですね。

資料２　国内の輸送機関別の人の輸送量と貨物の輸送量の変化

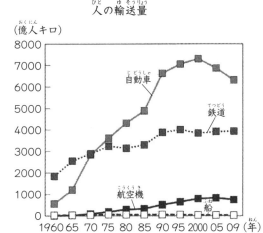

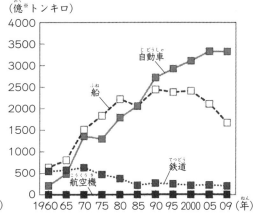

※トンキロ……輸送量を表す単位。貨物の重さ（トン）に運んだきょり（km）をかけて求める。

（運輸総合研究所「交通経済統計要覧 平成31年・令和元年版」をもとに作成）

問3　資料２から読み取れることとして正しいものを、次のア～エの中から１つ選び、記号で答えなさい。

　ア　2009年時点で人と貨物の輸送量がともに最も多いのは自動車で、どちらも1970年から1980年の間に鉄道による輸送量を上回った。

　イ　2009年の鉄道による人の輸送量と貨物の輸送量は1960年と比べて、ともに２倍以上に増加した。

　ウ　航空機による人の輸送量は、1990年から2009年にかけて増加しているが、2009年の人の輸送量は４つの輸送機関のうち、最も少ない。

　エ　2009年の船による人の輸送量は、自動車に比べて少ないが、貨物の輸送量は自動車の次に多く、1960年から1980年までの間の貨物の輸送量は自動車よりも多かった。

たろう

日本では、輸入や輸出をするために、船のほかにどんな輸送方法があるのかな。

ともこ

資料6 を見ると、飛行機もあることが分かるわ。船と飛行機の輸送には、それぞれ特ちょうがあるわね。

たけし

資料7 からは、飛行機でどんなものが輸送されているのかが分かるね。

資料6 船と飛行機の輸送量と貿易額

輸送方法	輸送量（t）	貿易額（円）
船	12億5244万	107兆5371億
飛行機	413万	44兆1183億

※輸送量と貿易額は、輸入と輸出を合わせたもの。
【「令和元年版交通政策白書」（国土交通省）他より作成】

資料7 飛行機で輸送される主なもの

パソコンなどに使われる電子部品　　スマートフォンなどの通信機器　　医薬品

（3） 資料6 と 資料7 から考えられる、飛行機で輸送されるものの特ちょうを、下の □ に12字以内で書きましょう。

3

生産とネットワーク

過去問チャレンジ解説

No. 1

解答

エ

解説

ア　貨物の方は、1965〜1970年の間に自動車が鉄道を上回っているので、×。

イ　鉄道の貨物輸送量はじわじわと下がり、1985年以降は横ばい。2倍以上にはなっていないので、×。

ウ　最も少ないのは船なので、×。

船による人の輸送は少ないけど、貨物の輸送量は2番目ということがわかるね！こういう資料問題は、ただ解いて終わりにせず、「どうして船の貨物輸送が多いんだろう？」「船は2番目だけど、2000年ごろから下がっているのはなぜだろう？」と考えるきっかけにしよう。そうやって調べたことが他の問題で生かせることがよくあるよ。

No. 2

解答

軽くて小さく高価なもの

解説

航空便は、トラックや船を使う場合と比べ、早いという利点がある。トラックだと半日以上かかる距離を、数時間で届けることができる。海外から運ぶ場合も、船なら1週間以上かかる距離を半日で輸送できるなど、短時間で届けることができるのは大きなメリット。

また、短時間という特徴以外にも、ゆれにくい、湿度の影響を受けにくいなどの特徴から、航空便は精密機械や医薬品の輸送に適している。ワクチンも航空輸送で日本に届いているんだよ。ただし、輸送にかかる費用が高額であることや、重い・多いものには適さないというデメリットもある。

4 貿易

「貿易」と聞くと、難しそうな感じがするね。でも、お店での買い物と仕組みは同じだと考えよう。加工貿易や貿易赤字、フェアトレードなど、言葉の難しさにまどわされず、具体的で身近なやり取りに置き換えて、「どうして？」「どういう意味？」と考えると理解しやすいよ！

✧ ✦ ✧ ポイント ✧ ✦ ✧

- **日本の貿易の歴史**…昭和の初めごろ、日本から輸出するのは半分以上が「せんい品（絹織物や生糸）」だった。現在は、自動車やその部品、半導体など電子部品やそれを作る装置、鉄鋼などがしめている。また、輸入については、同じく昭和の初めごろはせんい原料（綿花や羊毛）が4割をしめていたが、現在は機械類や石油、液化天然ガスといった「鉱物性燃料」の割合が高い。

- **加工貿易**…原料や燃料を輸入し、材料を作り、製品に加工して輸出すること。日本の貿易の特徴だね。

- **外国為替取引**…異なる通貨（円やドル）を持っている国同士で取引すること。どの通貨で取引するかを決めて、その通貨に交換しないといけない。1ドル＝150円は、150円で1ドルと交換できる、という意味。この比率は常に変化しており、貿易大国の日本は為替レートがたった1円変化するだけでも大きな影響を受ける。

- **円高／円安**…円高は、円の価値が上がること。より少ない円で取引することができる。円安は、円の価値が下がること。より多くの円を支払わないといけない。

- **貿易摩擦**…輸出・輸入を行う国の間で貿易のバランスがくずれ、トラブルが発生すること。たとえば、A国から自動車を大量に輸入したことにより、B国の自動車産業が倒産したり、失業者が増えたりしてしまうこと。また、国内で作っている生産物よりもはるかに安い金額で外国から輸入したものがスーパーに並ぶと、国産のものを買う人が少なくなり、国内の農家の生活が成り立たなくなるというケースもある。

- フェアトレード…途上国との貿易において、フェア、つまり公正な価格で公平に取引をすること、もしくはその商品のこと。

 合格力アップのコツ

　それぞれの国によって、豊かにとれるもの、大量に作れるものなど、当然だけどちがいがある。一方だけがもうかり、一方が損をし続ける貿易をしないよう、おたがいが豊かになるようにできることを考えよう。今は、コンビニでもフェアトレードの認証マークがついたチョコレートなどを見かけるね。グローバル化によって世界中のものが手に入るようになったけど、それによって誰かが苦しんだり、国内の産業が苦しくなったりしないよう、貿易の課題を主体的に考えるきっかけにしよう。

例題

No.1

　車が大好きなみなと君が日本の自動車メーカーについて調べたところ、国内だけでなく海外にも生産工場を持っていることがわかりました。どうして日本だけではなく海外でも生産するのでしょうか。その理由を2つ考えて答えましょう。

No.2

　こはるさんが街を歩いていると、たくさんの外国人観光客を見かけました。お父さんとお母さんが、「今は歴史的な円安だからなぁ」と話しているのを聞いて疑問を持ったこはるさんは、家に帰ってから円安について調べてみました。

　そして、次のようにまとめました。空欄にあてはまる数字を答えなさい。ただし、③と⑧については、（　）の中からふさわしい言葉を選んで○をつけること。

- 5ドルの商品を買う場合
　1ドルが100円のとき、（　①　）円で買えることになる。
　1ドルが200円のとき、（　②　）円で買えることになる。
　このように、買いたいものは同じでも、1ドルが何円になるかによって必要な円が変化する。
　必要な円が増えるということは、それだけ円の価値が（③上がった・下がった）、ということ。
　たとえば、1ドル100円のときは、100円は（　④　）ドルの価値があることになり、1ドル200円のときは、100円は（　⑤　）ドルの価値に下がる。これを、円安と言う。

- なぜ外国からの観光客が増えたのだろう？

外国人旅行者の立場で考えると、

1ドル100円の場合、1000ドルを日本円にすると（　⑥　）円だが、

円安になり1ドル150円になると、同じ1000ドルが、（　⑦　）円になる。

つまり、旅行で使える円が（⑧ 増える・減る）ということになり、外国人旅行客

にとっては日本に旅行しやすくなり、観光客の増加につながったのではないか。

・5ドルの商品を買う場合

1ドルが100円のとき、（　①　）円で買えることになる。

1ドルが200円のとき、（　②　）円で買えることになる。

あれ、算数の問題？

公立中高一貫校
ならではの問題だね

例題解説

No. 1

解答

[例] ①賃金が安いから

②現地の原料を使用することで、日本へ輸入する費用をかけずに済むから

別解例

- その国で販売すれば、輸送するための費用をかけずに済むから

- 貿易のつり合いをとるため

- 工場を作ることで、相手国の技術力を上げることにこうけんするため

解説

日本より少しでも人件費（働いている人にはらうお金）が安い国に工場を建てることで、生産に必要な費用をおさえることができれば、その分、利益を増やすことができる。ただし、日本の最低賃金とアジアの国々の最低賃金の差は埋まりつつあるよ。

また、日本で作って輸出してばかりだと、相手国は赤字になったり、その国の同じ産業が売れなくなり打撃を受けたりする。そうならないよう、相手の国に工場を作り仕事を失う人の数を減らすことで、おたがいに納得のいく貿易をすることができる。

このように、貿易にはつり合いが大切だよ。さらに、原料を生産する国・輸入する国という関係ではなく、工場を建て生産技術を伝えることで、おたがいに豊かになるよい関係を築くことが大切だね。

No.2

解答

① 500　② 1000　③ 下がった　④ 1

⑤ 0.5　⑥ 100000　⑦ 150000　⑧ 増える

解説

円安・円高については小学校でくわしくは習わないけど、適性検査では何度か出題されているよ。もちろん、ノーヒントで考えさせるのではなく、円安や円高の仕組みをしっかりと会話文などで説明したうえで問題が登場する。さらに、計算だけでなく、円安・円高がどの立場にとってメリット・デメリットがあるかを想像して記述するような問題もあるので、今のうちにきちんと理屈を理解して備えておこう。

1ドル100円が1ドル200円になると、数字が大きくなっているのでまちがえやすいけれど、「円安」と言うんだ。ただ暗記するのではなく、1円の価値が上がったのか下がったのか、で考えることが大事だよ。

過去問チャレンジ！

No.1 2022年度大阪府立富田林中学校

②かえでさんは、日本とオーストラリアとの貿易について調べました。次の**図1**は日本の*鉄鋼業の主要原料の輸入先、**図2**は日本の鉄鋼業の主要原料となる鉄鉱石と石炭の輸入がしめる割合、**資料**はくらしの中の鉄について示した文です。これらを見たかえでさんは、オーストラリアは、日本にとって重要な貿易相手国の一つだと考えました。かえでさんは、なぜそのように考えたのか、**図1**、**図2**、**資料**から読み取れる内容をもとに、**資料**中のことばを使って**60字以内**で書きなさい。

*鉄鋼業：鉄を生産する工業のこと。

図1　日本の鉄鋼業の主要原料の輸入先
（2018年）

鉄鉱石

オーストラリア 58.2%	ブラジル 26.9%	その他 14.9%

石炭　　　　　　　　　　　　　ロシア9.8%

オーストラリア 66.1%			

カナダ 11.6%　その他 12.5%

（『日本国勢図会2019/2020』により作成）

図2　日本の鉄鋼業の主要原料の輸入がしめる割合
（2018年）

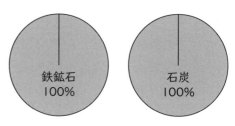

鉄鉱石 100%　　石炭 100%

（資源エネルギー庁のWebページにより作成）

資料

- 金属製品の90%以上が鉄でできている。
- 自動車や電車、船、高速道路、橋、ビルなどには、鉄が使われている。また、これらをつくる工場や建設現場にあるさまざまな機械にも鉄が使われている。
- 鉄は、私たちのくらしや産業を支えている。

（一般社団法人日本鉄鋼連盟の資料により作成）

No.2 2022年度宮崎県共通問題

貿易について調べることにしたゆうやさんとかなこさんは、図書館で『貿易について考える』という本を見つけました。

資料4	『貿易について考える』

これは、たとえ話です。

人口が60人のA国と、人口が180人のB国の2つの国があります。【表1】は、それぞれの国でテレビと小麦の生産に必要となる労働力を表したものです。

【表2】は、A国とB国でそれぞれテレビと小麦を生産した時のものです。【表3】

【表1】生産に必要な労働力

	生産に必要とする労働力	
	テレビ1台	小麦1t
A国	20人	40人
B国	120人	60人

は、A国はテレビだけ、B国は小麦だけを生産した時のものです。

A国とB国が貿易をする場合、【表2】と【表3】から、どんなことが言えるでしょうか。

【表2】テレビ、小麦の両方を生産した場合

	テレビの生産 にあたる人数	小麦の生産 にあたる人数	生産物の合計
A国	20人	40人	テレビ1台 小麦1t
B国	120人	60人	テレビ1台 小麦1t

【表3】A国がテレビ、B国が小麦を生産した場合

	テレビの生産 にあたる人数	小麦の生産 にあたる人数	生産物の合計
A国	60人	0人	テレビ3台 小麦0t
B国	0人	180人	テレビ0台 小麦3t

会話

かなこ：【表3】は、A国がテレビだけを、B国が小麦だけを生産しているので【表2】よりも、 _____ ことが分かるね。

ゆうや：そうだね。でも、お互いの国にとって最も良いのはどんな方法なんだろう。

かなこ：じゃあ、実際の貿易についても調べてみようよ。

問い2　会話 の _____ にあてはまる内容を、資料4 を参考に答えてください。

問い3　かなこさんは、実際の貿易について調べたところ 資料5、6 を見つけ、考えたことをまとめました。 かなこさんが考えたこと の _____ にあてはまる内容を、資料5、6 をもとに答えてください。

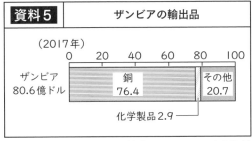

資料5　ザンビアの輸出品

（2017年）

ザンビア 80.6億ドル：銅 76.4／化学製品 2.9／その他 20.7

（出典：UN Comtrade より作成）

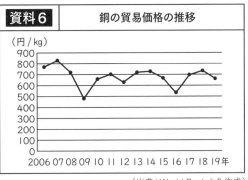

資料6　銅の貿易価格の推移

（円／kg）

2006 07 08 09 10 11 12 13 14 15 16 17 18 19年

（出典：World Bank より作成）

かなこさんが考えたこと

　アフリカにある国、ザンビアでは、資料5 のように、銅に関する産業が盛んで、銅の輸出の割合が大きいことが分かりました。しかし、輸出品の種類が少ない場合、資料6 のように銅の価格が毎年変わってしまうと、 _____ ということになるから国としては困るのではないかと考えました。

　これからも、貿易について調べていこうと思います。

過去問チャレンジ解説

No. 1

解答

[例] 産業やくらしを支える鉄の主要な原料を日本はすべて輸入にたよっており、その多くをオーストラリアから輸入しているから。　　　　　　　　　（57字）

解説

図2を見てみよう。日本は、鉄鉱石も石炭も100％完全に輸入にたよっているんだ。そして図1を見ると、半分以上はオーストラリアから輸入していることがわかる。さらに、資料を見ると、鉄は私たちの暮らしや生活に欠かせないことがあらためて理解できるね。

記述チェックポイント

☑ 鉄は、私たちの生活や産業に欠かせないこと
☑ 原料はすべて輸入にたよっていること
☑ そのうちの半分以上をオーストラリアがしめていること

No. 2

解答

問い2　テレビと小麦の生産物の合計が増えている

問い3　銅の輸出額や利益も変動して安定しない

解説

問い2　それぞれの国の人口や、同じものを作るときに必要な労働力は異なる。全員総出でテレビと小麦を両方、国内で生産した場合、A国B国あわせて、テレビ1＋1＝2台、小麦1＋1＝2t生産することができた（表2）でも、A国がテレビ生産に専念、B国が小麦生産に専念した場合、生産物の合計は増え、テレビは3台、小麦は3tと、どちらも1.5倍も生産することができたということがわかるね（表3）。

問い3　先ほどの考えをふまえると、それぞれの国で作るものを完全に分担し、1つの生産に専念した方が効率が上がり、より多くを輸出して豊かになることができそうだね。

資料5を見てみよう。ザンビアは輸出品の種類が少なく、メインは銅のようだね。でも、資料6を見ると、銅の価格は上がることもあるけど、2009年や2016年のようにガクっと下がることもある。すると、同じ量を輸出しても、輸出額は上がったり下がったり不安定になる。

また、たとえば毎年同じ人数で同じ量を生産した場合、労働力に対して支払う費用は変わらなくても、銅の貿易価格が2008➡2009年のように30％近く下がってしまったら、その分、利益は減ってしまう。輸出額、利益の両方が不安定になることを説明しよう。もし、他にもたくさんの種類を輸出しているなら、そのうちのいくつかが不安定になっても全体の中の変化は小さくおさえられるけど、1種類にたよっていると、貿易価格の変化による影響が大きくなる危険性があるということだね。輸出品目が少ないということは、それだけ国内でその産業にたずさわっている人が多いことを意味する。輸出額が下がり利益が減れば、1人ひとりにはらう金額を下げないといけないかもしれない。それにより、多くの国民の生活にも影響をおよぼしてしまう、というリスクも考えられるよ。

ちなみに「各国で作るものを分担し、1つの生産に専念した方が効率が上がり、より多くを輸出して豊かになることができる」

…というのは、イギリスの経済学者リカードが発見した「比較優位」という考え方。国際貿易の大前提となっているんだ。でも、そこまでは適性検査で出ないと思うよ

へぇ〜

5 日本と世界の関わり

　人やモノ、お金、文化など、国境を越えて簡単に交流できる時代だからこそ、何を学び、何を伝え、日本人としてどうあるべきかが問われる。ここまで産業や貿易で学んできたように、日本もたくさんの国々と関わりながら発展してきた。ここでは、「人」に焦点をあて、旅行や生活における言語や文化、価値観、ルールなどのちがいについて出題された問題をあつかうよ。

ポイント

【旅行について】
- 訪日外国人旅行者は年間3000万人以上
- 日本を訪れる旅行者を地域別で比べると、中国や韓国といった東アジアからの訪問が70%をしめている。ついで多いのは、タイやマレーシアなどの東南アジア。
- 都道府県別の訪問率を見ると、1位は東京、2位は大阪、3位は千葉。
- 日本滞在中に観光のために使った1人当たりの支出額は、およそ15万円。

【日本で生活する外国人について】
- 日本では、外国から来た人たちがおよそ300万人暮らしている。
- 国別に見ると、最も多いのは中国で、およそ70万人。

【旅行について】は、日本政府観光局、観光庁「訪日外国人消費動向調査」2019年（新型コロナ流行以前）のデータ

【日本で生活する外国人について】は、出入国在留管理庁「在留外国人数について」2022年のデータによるよ！

島国である日本は、昔から外国との交流によってさまざまな刺激を受けてきた。簡単に行き来でき、インターネットなどを通じて交流できる時代だからこそ、よりよい関係性を築くために工夫できることを考えよう。

例題

No. 1

　1964年に東京で開かれたオリンピックでは、図のようなピクトグラムが初めて用いられました。そして、2021年に開催された東京五輪開会式では、ピクトグラムを実際に人が演じるというパフォーマンスが大きな話題になりました。ピクトグラムには、どのような目的があるのでしょうか。あなたの考えを書きましょう。

例題解説

No. 1

解答

[例] 言語にたよらず、図のみで場所や意味をわかりやすく示すため

解説

駅の案内図で、日本語以外に英語や中国語、韓国語などが書かれているものを見たことはないかな？　こういった多言語対応も必要だけど、ピクトグラムは言語を一切使わず、図だけで「どこがバス乗り場か」「どこにトイレがあるか」などをわかりやすく伝えられる、という特徴があるよ。

でも、ピクトグラムには課題もあるんだ。文字でしか表現できないものには当然使えないという点や、価値観がちがえば理解できないどころか誤解させてしまうという点。たとえば、温泉のマーク（♨）や駐車場のマーク（P）など、さまざまな議論がされ、わかりやすさを重視して変更になったり、2つの候補から選べるようになったりしたものがあるよ。

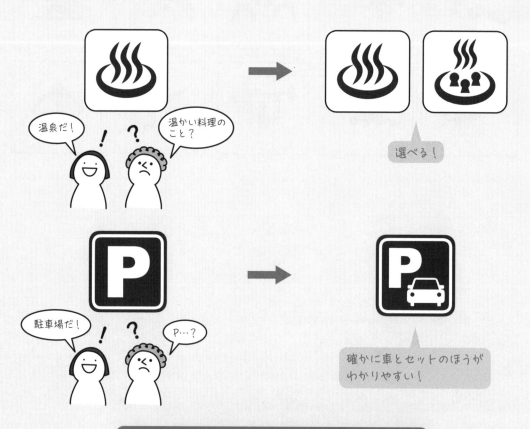

温泉だ！　！

温かい料理のこと？　？

選べる！

駐車場だ！　！

？　P…？

確かに車とセットのほうがわかりやすい！

その国の人にとっても、海外から来た人にとっても、だれから見てもわかりやすいマークが理想！

過去問チャレンジ！

No. I 2022年度奈良市立一条高等学校附属中学校

さくら：これからも、姉妹都市や友好都市をはじめとして、さまざまな交流が続けられていくと、私たちが文化のちがいを感じることも多くなるでしょう。

まこと：⑨異なる文化をもつ人たちと共に生きていくという考え方をもつことが大切ですね。

はじめ：こうしたことをみんなに考えてもらえるような発表にしましょう。

問9 ──線部⑨について、次の「条件」に従って作文しなさい。

条件Ⅰ　160字以上200字以内で、2段落構成で書きなさい。ただし、題名と名前は書かないこと。

条件2　第2段落には、あなたが今まで見たり聞いたり、学んだり、体験したりした中で、文化のちがいを感じたことを、具体的に書きなさい。
　　　　第2段落には、異なる文化をもつ人たちと共に生きていくために必要だと思うことを書きなさい。

No. 2 2022年度茨城県共通問題

　6年1組では、国語の授業で「相手に伝わるように表現しよう」という学習をしています。先生は、各家庭に配布されている**災害時マニュアルの一部（資料1）**を提示し、説明をしています。

資料1　災害時マニュアルの一部

地震が起こったら（家の中にいるとき）

○自分の体を守ってください。
　すぐに丈夫な机やテーブルの下に入ってください。落ちてくるもの、倒れてくるものに気をつけてください。

○すぐに外に出ないでください。
　地震のとき外に出ると、まどガラスや看板が上から落ちてきます。地震が終わるまで、まわりをよく確かめてください。落ち着いて行動してください。地震は1回だけではありません。大きい地震のあと、また地震が来るかもしれません。気をつけてください。

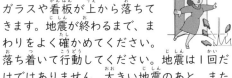

○出口を作ってください。
　建物が壊れると、ドアやまどが開かなくなります。外へ逃げるために、ドアやまどを開けてください。

○火を消してください。
　使っている火を消してください。ストーブ、ガス、台所の火を全部消してください。大きく揺れて危ないときは、揺れるのが止まってから消します。燃えているものがあったら、消化器で消します。自分で火を消せないときは、すぐに119番に電話してください。

（茨城県国際交流協会「災害時マニュアル」より作成）

先　　生：私たちの学校は、災害が起こったとき、地域の人たちも利用することができる避難所になっています。この**災害時マニュアル**の表現の仕方で、気がついたことはありますか。

ひろし：すべての漢字にふりがながついています。

けいこ：「消火してください」ではなく「火を消してください」のように、小さな子どもにもわかる表現で書かれています。

先　　生：よいところに気がつきましたね。これは、※1「やさしい日本語」というもので書かれています。日本語を学んでいる外国の人たちにもわかりやすくなっています。文章表現は、伝える相手に応じて聞き分けることが必要です。

けいこ：| A | や | B | などが工夫されている点ですね。

ひろし：最近、ぼくの住んでいる町でも、外国の人たちを見かける機会が増えています。だから、「やさしい日本語」が必要なんですね。

けいこ：この書き方ならば、外国の人たちだけでなく、小さな子どもにもわかりやすいので、多くの人たちに情報を伝えることができますね。

先　　生：では、みなさんも考えてみましょう。「津波が発生するおそれがあるときは、直ちに高台へ避難してください。」という文を、この**災害時マニュアル**に追加するとしたらどうでしょうか。たとえば、「発生する」「高台」「避難して」という言葉は難しいから書きかえる必要があります。さらに、その他にも難しい言葉があります。どのように書きかえると、「やさしい日本語」になりますか。

けいこ：はい、「津波が| C |」ではどうでしょうか。

先　　生：それならいいですね。災害の時こそ、相手に正しく伝わる表現が必要ですね。「やさしい日本語」が必要な理由は他にもあります。これ（**資料2**と**資料3**）を見てください。二つの資料からどんなことがわかりますか。

ひろし：二つの資料からは、| D | ことと、| E | ことがわかります。だから、「やさしい日本語」を相手に意識して広く使うことで、多くの外国の人たちに伝えたいことが伝わりやすくなるのですね。

※1「やさしい日本語」難しい言葉を言いかえるなどして相手に配りょしたわかりやすい日本語

（出入国在留管理庁・文化庁「在留支援のためのやさしい日本語ガイドライン2020年」より）

資料2　日本に住んでいる外国人の国せき・地域、公用語、人数

	国せき・地域	※2公用語	人数(人)	※3構成比(%)
1	中国	中国語	813675	27.7
2	韓国	韓国語	446364	15.2
3	ベトナム	ベトナム語	411968	14.0
4	フィリピン	フィリピノ語・英語	282798	9.6
5	ブラジル	ポルトガル語	211677	7.2
6	ネパール	ネパール語	96824	3.3
7	インドネシア	インドネシア語	66860	2.3
8	台湾	中国語	64773	2.2
9	アメリカ合衆国	英語	59172	2.0
10	タイ	タイ語	54809	1.9

※2　公用語　その国の公の場で定められている言語
※3　構成比　日本に住んでいる外国人全体の中の割合

資料3　日本に住んでいる外国人が、日常生活で困らないくらい使える言語

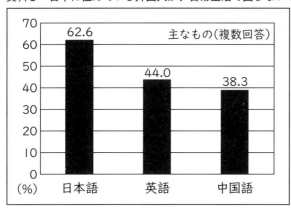

（資料2・資料3は出入国在留管理庁・文化庁「在留支援のためのやさしい日本語ガイドライン2020年」より作成）
※全国20地域に在留する20歳以上の外国人1662人が対象

問題1　資料1の災害時マニュアルの一部で工夫されている点について、会話文の　　A　　、　　B　　にあてはまる適切なものを、次の**ア～オ**の中から**二つ**選びなさい。

　　ア　情報が確実に伝わるように、短い文の見出しをつけていること

　　イ　場面のようすが想像しやすいように、二人の会話形式で説明していること

　　ウ　相手を思いやる気持ちを伝えるために、けんじょう語を多く使っていること

　　エ　指示であることがはっきりとわかるような文末の表現にしていること

　　オ　説明が長くならないように、文と文をつなぐ言葉を使っていること

問題2　けいこさんは先生の言葉を受けて、「津波が発生するおそれがあるときは、直ちに高台へ避難してください。」を、どのように書きかえましたか。会話文の　　C　　にあてはまる文を書きなさい。ただし、文末については「～ください。」の形にすること。また、漢字にふりがなをふる必要はありません。

問題3　「やさしい日本語」が必要な理由として、**資料2**と**資料3**の二つの資料から読み取れることについて、会話文の　　D　　、　　E　　にあてはまる適切なものを、次の**ア～オ**の中から**二つ**選びなさい。

　　ア　日本に住んでいる外国人の公用語はさまざまであり、すべての人に通じる言語というものはない

　　イ　日本に住んでいる外国人のうち、中国語を公用語とする人が半数近くをしめていて、漢字を理解することができる人が多い

　　ウ　日常生活で困らないくらい使える言語を英語と回答している人は、日本に住んでいる期間が長い

　　エ　日本に住んでいる外国人には、言語よりも図や写真を用いてのコミュニケーションの方が伝わりやすい

　　オ　日本に住んでいる外国人の半数以上が、日常生活で困らないくらい日本語を使うことができる

過去問チャレンジ解説

No.1

解答

[例]　私が文化のちがいを感じたのは、外国の人とのあいさつで、あく手を求められた時です。日本のあいさつの習慣から、私はあく手をしながらおじぎをしました。その私の様子を見て、相手も同じようにおじぎをしました。すると、とても和やかなふん囲気になりました。

異なる文化をもつ人たちと共に生きていくために必要なことは、おたがいの文化のちがいを知り、そのちがいを尊重して受け入れていくことだと思います。

（191字）

解説

まず、文化のちがいについて感じたことを具体的に書こう。見聞きした話でもいいという条件があるので、学校で習ったことや、身近な人から聞いたことでも構わない。本やテレビ番組、マンガやアニメなどから知ったこともヒントになることが多いよ。

2段落目には、異なる文化を持つ人たちと生きていくために必要だと思うことを書く。思いやる、一方的におしつけない、否定するのではなく理由を考える、関心を持って調べる、わからないと感じたことは率直に聞く、といった答えが求められるよ。

No.2

解答

問題1　ア、エ

問題2　[例]（津波が）来る心配があるときは、すぐに高いところへ逃げてください。

問題3　ア、オ

別解例

問題2　（津波が）来そうなときは、すぐに高いところへ逃げてください。

（津波が）起こるおそれがあるときは、すぐに高いところへ逃げてください。

（津波が）来る心配があるときは、直ちに高いところへ逃げてください。

解説

問題1　1つひとつの項目に、短くタイトルのような説明がつけられている。また、「テーブルの下に入ってください」「119番に電話してください」と行動の

生産とネットワーク

3

内容がはっきりわかるよう断言されているね。

問題2　「おそれがある」や「直ちに」は、やさしい日本語とは言えなさそうだね。
　　　　　わかりやすい言葉に言いかえよう。

☑ 記述チェックポイント

- 「発生する」「高台」「避難して」の3つの言葉をすべてわかりやすく言いかえ
　ていること
　　　発生する➡起こる、起きる、来る
　　　高台➡高いところ、高い場所
　　　避難して➡逃げて、行って、向かって
- 「おそれがある」「直ちに」のどちらか一方、もしくは両方をわかりやすく言い
　かえていること
　　　おそれがある➡可能性がある、心配がある、〜そうな、〜かもしれない
　　　直ちに➡すぐに、早く、急いで
- 「〜ください。」の形になっていること

問題3　**イ**　漢字については、説明されていない（また、中国語で使われる漢字と、
　　　　　　　日本で使われる漢字は似ているものもあるけど、まったく異なる見た
　　　　　　　目のものもある）。

　　　　　ウ　住んでいる期間の長さは、説明されていない。

　　　　　エ　6割以上の人が、日常で困らない程度に日本語をあつかうことができ
　　　　　　　ると回答しているので、図や写真を使った方がわかりやすいとは言い
　　　　　　　切れない。また、災害時マニュアルの話であって、コミュニケーショ
　　　　　　　ンの話ではないよ。

「社会」分野の計算問題

そこで…
「社会」分野ならではの計算のコツを教えしよう！

① 何けたの計算が出ているか
② グラフ作成問題は出ているか
③ 計算の得点はどのくらいか

まずは志望校の傾向を知ろう！

その上でこの3つがポイントになるよ

ぼくの志望校はグラフあり！

さらにくわしく説明していくよ

① 何けたの計算が出ているか
志望校の過去問を見て計算は何けたのものが出題されているかを確認

わかったことを元に練習しよう！

何けたかな〜

5年分ね！どんなグラフが出てるかな

② グラフ作成問題は出ているか
直近の5年分くらいをさかのぼってチェックしよう。
円グラフや帯グラフ、折れ線グラフを作らせる問題は出ているかな？

出題されているなら練習が必要だし

出ていない学校の場合もいつ出題されても解けるよう、他の学校の過去問で見かけたら練習しておいてね！

③ 計算問題の得点はどのくらいか
かかる時間と配点を見極めて優先すべき方はどちらなのか分析しておこう

日々の練習で正確さとスピードを身につけるぞ〜！

配点が同じなら
こっちが優先!!

たとえば…

	配点	かかる時間
記述	→ 15点	5分
計算＋作図	→ 15点	9分

上の例だと記述問題を優先すべきと言っているけど記述は書いても部分点しかもらえないこともある

正確に計算すれば確実に得点につながる計算もしっかり取れるようになっておこうね！

第4章

未来

温暖化

最後の章は、今の社会に起こっている課題について考えていこう。まずは温暖化から。異常気象のニュースはみんなも聞いたことがあると思う。温暖化がすべての原因とは言い切れないけど、だからといって何もしないわけにはいかないよね。現状を知り、対策を考え、環境を守るためにできることを探していこう。

✦✦ ポイント ✦✦

【地球温暖化と原因】

温室効果ガスの排出量が増え過ぎた結果、地球から宇宙へ逃げ出す熱をとじこめるバリアのような役目をして、地球に熱がこもってしまうこと。

温室効果ガスにはさまざまな種類があるけど、その中でも最も影響が大きいのは二酸化炭素。他にもメタン、一酸化炭素、フロンも温室効果ガスの仲間だよ。

【温室効果ガスはどこから来るの？】

• 便利な生活を送るために、人間はさまざまな製品を作ってきた。そのために必要なエネルギーは、化石燃料（石炭・石油・ガス）を燃やすことによって生み出している。この化石燃料の燃焼時には、二酸化炭素が発生する。乗り物をはじめとするさまざまな機械を動かしたり、電気を作ったり、家庭から出たゴミを燃やしたりするときにも二酸化炭素は発生しているんだ。

• 植物が光合成によって二酸化炭素を吸収してくれることは、みんな知っているよね。世界の森林は減り続けていて、2000年から2010年の間は、毎年平均520万ヘクタールの森林が減少している。これは、東京都のおよそ20個分もの森林が毎年失われていることを意味する。干ばつや森林火災だけでなく、森林から農地に変えたことや、薪を切り出すために伐採をし過ぎたことによるもの。このように、面積が減少するほど森林が開発されていることも、二酸化炭素が増え続けている原因なんだ。

• ウシ、ヒツジやヤギなどのげっぷには、温室効果ガスの1つであるメタンがふくまれている。げっぷにふくまれるメタンは、世界全体の温室効果ガスの4％をしめているんだ。日本の農林水産分野で排出される温室効果ガスの約

16%が、家畜のげっぷだと考えられているよ。食料にするために大量に家畜を育てていることも、温室効果ガスが増える1つの原因なんだ。

【温暖化で引き起こされること】

- 寒かったところは暖かく、もともと暖かいところはさらに暑くなっていく。そうすると、世界の気候が変わり、今まで起こらなかったような気象が起こると考えられる。大雨が増えたり、逆に雨や雪が降らなくなったり、台風や雷が増えたりと、さまざまな異常気象のきっかけになるんだ。

- 気候が変わることで、それまで生えていた植物や住んでいた動物はその場所で生きていられなくなり、絶滅するおそれがある。草食動物にとっては、生息する植物が変わることは、食料を失うことでもあるからね。

- 氷や氷河が溶けると、海水面が上昇し、低い土地は沈んでしまう。海抜（海からの高さ）が低い島や国が沈んだり、海岸に近いところで生息していた動植物はすみかを追われたりするんだ。

- 気候が変わり、世界全体が暖かくなると、暑い地域で発生していた伝染病のエリアが拡大するおそれがある。特に、蚊によって起こるマラリアという病気が増えることが心配されているよ。

- 雨が降らなくなることで、これまでとれていた食物が育てられなくなる。また、異常気象によって大雨や台風が増えれば、育てた作物が収穫できない状況になるかもしれない。このように、今までとれていた農産物に影響し、食料が減ってしまうことも心配されているんだ。

【世界の取り組み】

世界中の国が話し合って、地球温暖化をくい止めるために二酸化炭素をどのくらい減らすか決めたり、できることを話し合ったりしているよ。1997年に定められた「京都議定書」では、温室効果ガスを減らす量を先進国の中だけで決めたけど、2015年の「パリ協定」では、開発途上国もふくめすべての国に

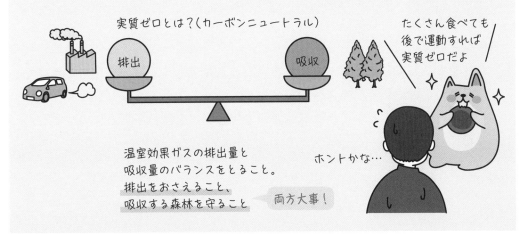

実質ゼロとは？（カーボンニュートラル）

排出　吸収

たくさん食べても後で運動すれば実質ゼロだよ

温室効果ガスの排出量と吸収量のバランスをとること。排出をおさえること、吸収する森林を守ること　両方大事！

ホントかな…

温室効果ガスの削減が求められたんだ。

　なお、「パリ協定」では、世界の平均気温上昇をおさえる努力をすることや、21世紀後半には温室効果ガス排出を「実質ゼロ」にする、という目標を決めたよ。

【日本の取り組み】

　国として地球温暖化対策の計画を立て、経済の発展を守りながら温室効果ガスを減らすための目標を決めているよ。また、各都道府県が行っている独自の取り組みもある。たとえば、一定の省エネ基準を満たした商品に買い替えるときに商品券がもらえたり、駅や公共の場所にソーラーパネルを設置して自然のエネルギーを使ったりしているんだ。みんなの住んでいる都道府県や市町村は、どんな取り組みをしているかな？

【私たちにできること】

　適性検査では、「あなたは何ができますか？」「あなたが今取り組んでいることを教えてください」といった質問がよく出るよ。ふだんから考え、取り組むことはもちろん、「それが何のためなのか？」もきちんと理解していないといけないよ。

- **公共交通機関を利用すること**
　➡公共交通機関も当然エネルギーを使うけど、大勢で利用することで、1人あたりに必要なエネルギーや二酸化炭素の排出量を下げることができる。

- **物を大切に使う**
　➡新しいものが出たからといってすぐに買い替えると、それまで使っていたものがゴミになるよね。ゴミは焼却時に大量のエネルギーを必要とするし、有害なガスも発生してしまう。また、物を作るとき・運送するときにたくさんのエネルギーを使ってみんなの手元に届けるので、大切に長く使うことで、エネルギーをムダにせず済むよ。

- **電気をムダづかいしない**
　➡誰もいない部屋の電気を消したり、エアコンの設定温度をひかえめにしたりすることで、使う電力量をおさえることができる。電力を作るときに化石燃料を燃やして二酸化炭素が発生しているので、みんなが少しずつ使う電力を減らすことができれば、燃やす化石燃料を減らすことにつながるんだ。

「節電」についての記述で、「エアコンの設定温度をひかえめにしたいと思います。そうすることで、発生する二酸化炭素を減らすことができます。」という回答をよく見るよ…。これだと、「エアコンを使うと二酸化炭素が出る」と勘違いしているように読めてしまう。エアコンを使うと二酸化炭素がもくもく出るわけではなく、エアコンを使うために必要な電力を作るときに、二酸化炭素が発生しているんだよ。もちろん、そのエネルギーの元となる燃料を輸入するときにも、たくさんのエネルギーが使われているね。

【「個人ができること」を考えることをやめない】

温暖化について習うとき、教科書では、節電や公共交通機関の利用、ゴミの量を減らす…といった説明がされているよね。でも、それ以外にもふだんから「何ができるかな？」と考えることが大切だよ。私たちの生活は日進月歩で進化しているし、便利になっているから、今の生活を振り返ってできることを考えるのをやめないようにしよう。

▶たとえば、こんな取り組みもできるよ！

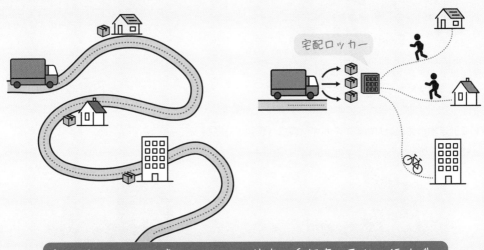

宅配ボックスに配達したものを、徒歩や自転車で取りに行けば、トラックの走行時や待機時に出る二酸化炭素を減らすことができる

過去問チャレンジ！

No.1 2022年度福井県立高志中学校

4　みどりさんは、高志中学校入学後の通学方法について、兄のたかしさんと話をしています。以下の会話文を読み、あとの問いに答えなさい。

たかし：みどりも4月から高志中学生だね。お兄ちゃんは、これまで車で送迎してもらっていたけれど、4月からは、いっしょに電車で行かないか。

みどり：そうだね。①車よりも電車の方が環境に優しいよね。

たかし：同じ人数を同じ距離だけ輸送したときの二酸化炭素の排出量を比較すると、電車の方が車よりもずっと少ないんだ。二酸化炭素は地球温暖化の原因となっているんだよ。その二酸化炭素を排出しない②脱炭素社会を目指す取り組みをもっと推進しないといけないね。

みどり：③二酸化炭素は、物を燃やしたときに発生するよね。物が燃えると、どうして二酸化炭素ができるのかな。

　みどりさんは、下線部①や下線部②について調べるため、たかしさんのアドバイスを受けて、【資料1】～【資料5】を集めました。

【資料1】日本の運輸部門の
　　　　二酸化炭素排出量（2019年）

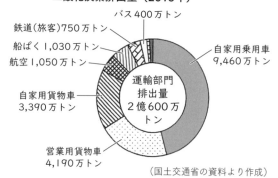

（国土交通省の資料より作成）

【資料2】日本の自家用乗用車と
　　　　鉄道の輸送量※1（2019年）

自家用乗用車	7,300億
鉄道（旅客）	4,400億

単位〔人・km〕
※1　輸送する人数に輸送距離をかけたもの
（国土交通省の資料より作成）

【資料3】日本の発電のためのエネルギー構成（現状と目標）

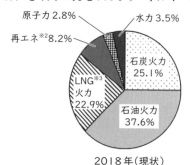

2018年（現状）

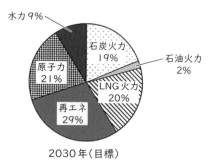

2030年（目標）

※2　太陽光、風力、地熱等の再生可能エネルギーのこと
※3　液化天然ガスのこと

（経済産業省の資料より作成）

【資料4】 同じ発電量あたりの
二酸化炭素の発生量
（水力発電を1とした場合）

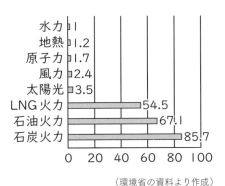

（環境省の資料より作成）

【資料5】 1kWh[4]あたりの発電費用

発電方法	2010年	2015年	2030年（予測）
原子力	8.9円	10.3円	11円台後半〜
風力	9.9円〜 17.3円	13.6円〜 21.5円	9円台後半〜 17円台前半
太陽光 （事業用）	30.1円〜 45.8円	12.7円〜 15.6円	8円台前半〜 11円台後半
LNG火力	10.7円	13.4円	10円台後半〜 14円台前半
石油火力	22.1円〜 36.0円	30.6円	24円台後半〜 27円台後半
石炭火力	9.5円	12.9円	13円台後半〜 22円台前半

※4 電気量の単位

（経済産業省の資料より作成）

（1）下線部①を数字で示すための方法を、【資料1】【資料2】内の必要な言葉を使い、計算のしかたが分かるように説明しなさい。実際に計算する必要はありません。

（2）下線部②について、政府は脱炭素社会の実現に向け、2030年のエネルギー構成の目標を【資料3】のようにかかげています。政府はなぜ、このようなエネルギー構成を目指していると考えますか。【資料4】【資料5】から分かる日本の発電方法の課題にふれながら、理由を80字以上100字以内で説明しなさい。

下線部③について、みどりさんは、たかしさんから次のことを教えてもらいました。

- すべての物質は、最も基本となる「元素」とよばれる成分でできている。
- 元素には様々な種類がある。（元素の種類の例：水素、炭素、酸素）
- 二酸化炭素は炭素と酸素でできており、水は水素と酸素でできている。
- 物質が、発熱や発光をともないながら酸素と結びつくことを燃焼という。ガソリン車や燃料電池車は、燃料が空気中の酸素と結びつくときに発生するエネルギーで走行する。

（3）ガソリン車は、炭素と水素を成分とするガソリンを燃焼して走行します。一方、福井県が普及を進めている燃料電池車は、水素を燃料として走行し、究極のエコカー[5]とよばれています。みどりさんがたかしさんから教えてもらったことをもとに、燃料電池車が究極のエコカーとよばれる理由を説明しなさい。その際、ガソリン車と燃料電池車、それぞれの排出する物質にふれなさい。

※5 環境に優しい車のこと

過去問チャレンジ解説

No. I

解答

（1）自家用乗用車と鉄道（旅客）それぞれについて、二酸化炭素排出量を輸送量で割り、I（人・km）あたりの排出量を出し、鉄道（旅客）の方が値が小さいことを確認する。

（2）二酸化炭素排出量が多く、発電費用も横ばいと予想される火力発電の割合が高いという課題がある。排出量と費用がおさえられる原子力や再エネの割合を増やし、環境の保護と費用負担を減らすためだと考えられる。 （97字）

（3）ガソリン車は、主に二酸化炭素と水を排出するが、燃料電池車は水だけを排出し、地球温暖化の原因になっている二酸化炭素を排出しないから。

解説

（1）自動車に比べて、電車の方が環境にやさしいことを確認したいので、電車の方が二酸化炭素排出量をおさえられることを示そう。下線部では、電車と言っているけど、2つの資料では鉄道（旅客）という言葉が使われているので、これを使って説明するよ。自家用乗用車と鉄道（旅客）それぞれについて、二酸化炭素の排出量を、輸送量で割る、という話が書けていれば正解。

（2）資料3、4を見ると、今の主力である3つの火力発電は、他の発電方法と比べて、二酸化炭素排出量が非常に多いとわかるよね。また、資料5を見ると、金額の幅があるので見づらいけど、将来的には3つの火力発電は10円～20円台後半まで費用がかかるのに対し、原子力や風力、太陽光による発電はおおむね10円台でおさえられることがわかるね。そして、一番高額な石油による発電の割合を減らそうと考えていることがわかる。
問いを確認してみると、「政府はなぜ、このようなエネルギー構成を目指していると考えますか」については、環境を守るためと、費用をおさえるため、この2つの観点が必要。次に、「【資料4】【資料5】から分かる日本の発電方法の課題にふれながら」については、二酸化炭素の排出量や費用負担の小さな発電方法に切り替えるという方向性で書こう。
なお、今回は資料で「再エネ」と表示されているので、そのまま使ったけど、基本的には「再生可能エネルギー」と略さずに書くようにしようね。

4

未来

（３）情報が多いのでややこしいね。整理しよう。
・ガソリン車はガソリンを使う➡ガソリンは炭素と水素でできている
・燃料電池車は水素を使う
・どちらも燃料が酸素と結びつくときのエネルギーを使用している

先ほど整理した内容に酸素を足すと、次のようになるね。
・ガソリン車➡炭素・水素・酸素
・燃料電池車➡水素・酸素

さらに、炭素と酸素は二酸化炭素、水素と酸素は水になると書かれている。
よって、次のようになることがわかる。
・ガソリン車➡二酸化炭素と水
・燃料電池車➡水

このように、ガソリン車と燃料電池車のちがいは、「二酸化炭素を出すかどうか」。燃料電池車は二酸化炭素を出さず、水だけ出すということだね。
また、「エコカー」である理由を書くよう指示されているので、「二酸化炭素が温暖化の原因（の１つ）である」ことも説明に入れよう。

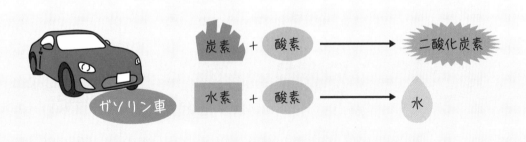

② 循環型社会

　私たちの生活とゴミは、切っても切り離せない。私たちは、使い終わったものや、余ったもの、いらないもの、さまざまなゴミを生み出しながら生きていると言える。もともとは資源だったゴミをどう減らし、生かすかを考えることが環境を守ることにつながるよ。

✦ ✦ ポイント ✦

【循環型社会を目指して】

　循環型社会とは、ゴミによる健康や生活、環境へあたえる影響をなるべくおさえて、限りある資源を長く使い続けることができる社会のこと。ゴミは、もともとの目的を終えた不要なもので、放置すると不衛生になり、埋め立てたり焼却したりすると健康や環境に害をあたえてしまう。つまり、ゴミを減らして、正しく処理することが必要なんだ。

【3R】

　循環型社会を目指すために、3Rを意識した行動を取ることが大切だよ。

- リデュース（Reduce）…ムダになるゴミを少なくすること。たとえば、つめ替えの容器を買ったり、マイバッグを持ったり、買い過ぎを防いだりすること。ゴミは処理するにも再資源化するにもエネルギーを使って二酸化炭素を排出することになるので、発生する量を減らすリデュースは3Rの中で最も優先度が高いよ。

- リユース（Reuse）…くり返し使うことや、自分に不要なものを他の人に使ってもらうこと。たとえば、フリーマーケットに出品したり、リユースショップで購入したりすること。また、壊れても直して使うこともあてはまる。

- リサイクル（Recycle）…正しく分別し、資源としてまた利用すること。また、リサイクルされた商品を積極的に買うこと。

【海洋プラスチックゴミ】

　軽量でじょうぶ、加工しやすいというメリットがあるプラスチックだけど、正しく処分されず、埋め立てられたり、焼却されたり、放置されたりして、そのまま自然に流出してしまっている割合も多い。2050年には、海洋プラスチックゴミの重さが、海にすむ魚の重さを超える、とも予測されている。

　また、ビニールなどをえさとまちがって飲み込んでしまう生き物もいる。5mm以下の細かいつぶとなったものを「マイクロプラスチック」と言い、いったん自然の中に流出すると回収することは難しい。魚たちが知らず知らずのうちに飲み込んでしまい、体内にためてしまう。製造された時点で細かいものもあれば、波や紫外線によってくだかれたことでマイクロプラスチックになったものもある。

【サーマルリサイクル】

　主にプラスチックゴミを焼却するときに出る熱を、他のものに利用すること。たとえば、エネルギーに変えたり、温水プールやビニールハウスに使われたりする。資源を別の製品として作り変えているわけではなく、焼却時の熱を他のものに使っている、という意味でリサイクルの1つとして考えられる。

　2019年に85％だった日本のプラスチックのリサイクル率のうち、60％以上がこのサーマルリサイクル。海外では、この方法をリサイクルとして計算しない国もある。焼却時に出る熱を有効活用することも大切だけど、他の国のリサイクル率と比べる場合は、「その国が何をリサイクルと考えているか」に気をつけてデータを見る必要があるよ。

【ライフサイクルアセスメント】

　製品を作るときに必要な原料の採掘から、製造、輸送、消費、廃棄までの全体の流れ（ライフ）で環境にあたえる負担を計算し、減らすためにどうすればいいかを考えること。たとえば、ペットボトル飲料は中身を飲み終わると焼却するだけで、もったいないので、ガラスのビンに変えたとしよう。確かにくり返し使えるけど、そのためにはきれいに洗わないといけないよね。そこでお湯を使うとすると、エネルギーが必要となる。また、ペットボトルより重いので、輸送時に余計にエネルギーを必要とする。もしかしたら、必要となる石油の量で比べるとペットボトルの方が少なく済んだかもしれない。このように、一部だけを見て環境への負荷を考えるのではなく、原料生産から廃棄までのすべての流れをとらえて、比べる必要があるよ。

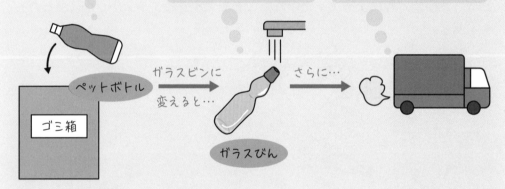

　ペットボトル飲料は中身を飲み終わると焼却するだけで、もったいない

　ビンはくり返し使えるけど、きれいに洗わないといけないよね。そこでお湯を使うとすると、エネルギーが必要となる。

　ビンはペットボトルより重いので、輸送時に余計にエネルギーを必要とする。必要となる石油の量で比べるとペットボトルの方が少ないかも…

ペットボトル

ゴミ箱

ガラスビンに変えると…

ガラスびん

さらに…

【循環型社会実現のためにできること】

　循環型社会を実現するために、私たち消費者だけでなく、生産者が取り組むべきこともある。たとえば、次のようなことが考えられるよ。

- 生産時に必要なエネルギーを減らす工夫をする
- 長く使えるように、壊れにくい商品を作る
- 壊れても消費者自身が修理できるような製品を作る
- 余分な部品等を減らし、原料の削減や軽量化に取り組む
- 過剰な包装をしない

　持続可能な社会に向けて、社会全体で一丸となって取り組む必要があるね。

過去問チャレンジ！

No.1 2022年度宮城県古川黎明中学校

1　次の会話文を読んで、あとの（1）〜（3）の問題に答えなさい。

> お母さん　今日は資源物の回収の日だから、プラスチック製の容器が入ったこの袋を、ゴミ集積場に出してきてね。
>
> 黎　さん　うん、わかった。でも、こんなにたくさんのプラスチック製の容器は、回収された後、どのように処理されるのかな。
>
> お母さん　回収されたプラスチックは、ごみとして処分されるものもあるけど、プラスチック製品の材料として再利用したり、燃やした熱を利用して発電したり、さまざまな方法でリサイクルされているのよ。プラスチック製品の材料になるものの中には、「プラスチックくず」として⑦輸出されているものもあるのよ。
>
> 黎　さん　へえ、じゃあ、プラスチックはたくさん回収された方がいいんだね。
>
> お母さん　そうね。でも、回収されなかったプラスチックは、地球の環境に影響をあたえると言われているから、その量を世界規模で減らしていく必要があるのよ。
>
> 黎　さん　わかった。今度、学校で「回収されなかったプラスチックが環境にあたえる影響」という⑦発表資料を作って、プラスチックの回収を呼びかけてみるね。

（1）「⑦輸出されているものもある」とありますが、次の**資料1**と**資料2**を正しく説明しているものを、あとの**ア〜エ**から1つ選び、記号で答えなさい。

資料1 日本の*廃プラスチックの排出量

*廃プラスチック：家庭や工場などから使用後に出されるプラスチックのこと

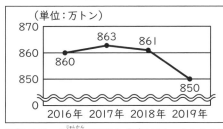

（プラスチック循環利用協会「プラスチックリサイクルの基礎知識」より作成）

資料2 主な5つの国・地域への日本からのプラスチックくずの輸出量（単位：万トン）

輸出相手国・地域	2016年	2017年	2018年	2019年
マレーシア	3.3	7.5	22.0	26.2
タイ	2.5	5.8	18.8	10.2
香港	49.3	27.5	5.4	5.7
インド	0.4	0.8	2.1	2.8
中国	80.3	74.9	4.6	1.9

（財務省「貿易統計」より作成）

ア　2016年の中国へのプラスチックくずの輸出量は、その年の日本の廃プラスチックの排出量の3分の1以上である。

イ　2017年のマレーシア、タイ、香港へのプラスチックくずの輸出量を合計しても、

その年の日本の廃プラスチックの排出量の５％より少ない。

ウ 2019年の主な５つの国・地域へのプラスチックくずの輸出量の合計は、その年の日本の廃プラスチックの排出量の２割以上になる。

エ 2016年から2019年までの間、主な５つの国・地域へのプラスチックくずの輸出量の合計は減り続けているが、日本の廃プラスチックの排出量は増え続けている。

（２）「ⓓ発表資料」とありますが、黎さんが作成した次の**発表資料**の あ と い にあてはまる言葉を書きなさい。

発表資料

回収されなかったプラスチックが環境にあたえる影響
～なぜ回収されなかったプラスチックは生き物にまで影響をあたえるのか？～

《海の中でごみが分解されるのに要する期間》

プラスチック製の飲料ボトル	450年
レジ袋	10～20年
ベニヤ板	1～3年
新聞紙	6週間
ペーパータオル	2～4週間

（全米オーデュボン協会「オーデュボンマガジン」より作成）

《調べてわかったこと》
　プラスチック製のごみは、他の種類のごみに比べて、 あ 。

《考えたこと》
　将来の生き物にも影響をあたえる可能性がある。

《自然界に捨てられたプラスチックのゆくえ》（矢印はプラスチックの移動を示す。）

（WWFジャパン「今、世界で起きている『海洋プラスチック』の問題」より作成）

《調べてわかったこと》
　細かくなったプラスチックは、食物連鎖の中で、 い 。

《考えたこと》
　多くの種類の生き物に影響をあたえる可能性がある。

生き物を守るためにも、私たち一人一人がプラスチックの回収に協力しましょう！

（３）地球上のごみを減らしていくための方法として、「３R」という考え方が人々の間で広まりつつあります。次の「３R」の説明を参考に、あなたが日常生活の中で行える**Reduce（リデュース）にあたる取り組み**について、具体的に**例を挙げなさい。**

「３R」の説明

Reduce（リデュース）	物を大切に使い、ごみを減らすこと。
Reuse（リユース）	使える物は、くり返し使うこと。
Recycle（リサイクル）	ごみを資源として再び利用すること

過去問チャレンジ解説

No. I

解答

（1）イ

（2）あ：分解されるのに要する期間が長い

　　　い：様々な動物の体内に取り込まれる

（3）レジ袋を買わず、マイバッグを使う。

別解例

（2）あ：長期間分解されない

　　　い：・様々な動物の体内にたくわえられる（蓄積する）

　　　　　・最終的に人間の食事にも影響する

（3）・割りばしや紙コップなどの使い捨て商品を使わないようにする。

　　　・料理の作り過ぎを防ぎ、食べきれる量だけ作る。

　　　・安いからといって余計なものを買わないようにする。

　　　・食材を買うときは使い切れるばら売りを利用する。

解説

（1）正しく読み取っているものを探すので、単に合っているかどうかではなく、説明が適切かどうかも調べないといけないよ。

　ア　2016年の排出量は860万トン、中国への輸出は80.3万トンなので、10分の1以下。「3分の1以上」という説明は誤りなので、×。

　イ　863（万トン）の5％を出そう。5％とは、つまり20分の1なので、863を20で割ると、だいたい43（万トン）くらいだね（もちろん863×0.05をしてもいいけど、小数、しかも奇数×奇数は時間がかかりそうなので、速く計算できそうな÷20にしたよ）。マレーシア、タイ、香港を足すときは、四捨五入して整数でがい算してみよう。8＋6＋28＝42（万トン）。つまり、多く見積もっても5％よりは少ないよね。よって、イは○。

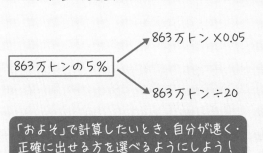

863万トンの5％　→　863万トン ×0.05
　　　　　　　　　→　863万トン ÷20

「およそ」で計算したいとき、自分が速く・正確に出せる方を選べるようにしよう！

どっちの方法が得意かな？

ウ 850（万トン）の2割を出そう。2割ということは、5分の1だね。850÷5＝170（万トン）以上になれば正解。でも、一番多いマレーシアとタイを見ても、明らかに170（万トン）を越えなさそうだとわかるね。よって、×。

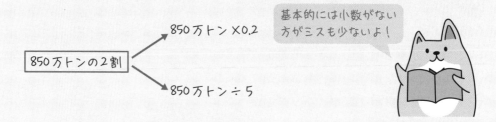

850万トンの2割
→ 850万トン×0.2
→ 850万トン÷5

基本的には小数がない方がミスも少ないよ！

エ 日本の排出量は、2017年以降は減り続けている。よって×。

（2）あ レジ袋や、プラスチック製の飲料ボトルは、分解されるまでに何十年、何百年とかかっているね…。これをふまえて、答えを作ろう。このとき、資料のタイトル（「海の中でごみが分解されるのに要する期間」）の言葉を活用するとラクだよ！「分解されるのに要する期間」に「が長い」を付け足したら完成。自分でイチから答えを作ろうとするのではなく、グラフや資料の言葉をうまく活用しようね。

い 発表資料を見ると、小型の魚から大きな魚、イルカやペンギン、そして人間…と、食べる・食べられるの関係を経て、プラスチックが移動していることが読み取れるね。食物連鎖とマイクロプラスチックに関する問題が出たら、「体内に取り込まれる・たくわえられる・蓄積する」などの表現を使うと説明しやすいよ。ぜひ、真似してみよう！

（3） リデュースとは、そもそもゴミが出ないようにしよう、という考え方だよ。でも、「これはリデュース？　リユース？」と混乱するような答えもあるよね。たとえば、シャンプーなどを買うときに詰め替えタイプを買うという取り組みは、もともと使っていた容器をくり返し使うわけなので、リユースとも言える。一方で、容器を捨てずに済んでゴミが減っているので、リデュースとも言える。自分が出した答えがリデュースとして正しいかどうか迷ったら、「その取り組みをしたら、ゴミの量が減る？」と考えてみてね。減るんだったら、リデュースとして正解にしていいよ。いろんな答えが考えられる問題だね。答えが1つではないのが適性検査の面白さだから、自分が出した答え以外にもどんな方法があるか、考えるきっかけにしよう！

3 少子高齢化

これまでも少子高齢化に関する問題は多数出題されている。子育てしやすい社会の仕組み作りや、高齢社会を支える税金の仕組みなど、社会全体で考えないといけない難しい課題だね。表面的な知識だけインプットするのではなく、「今後どうなるのか？」と長期的な視点で想像しながら学んでいこう。

✦✧ ポイント ✦✧

【少子化社会】
出生率が低下したことにより、子ども（0～14歳）の数が少なくなる社会のこと。長い期間で見ると人口が減少することや、合計特殊出生率が決まった基準以下になり、今の人口が保てなくなる状態になることや、子どもや若者が少ない社会を指すなど、幅広く使われる。

【出生率・合計特殊出生率】
人口1000人あたりに生まれる子どもの数の割合を「出生率」、15～49歳までの女性が一生の間に何人の子どもを出産するかを表す指標を「合計特殊出生率」と言う。日本の合計特殊出生率は2020年に1.33、2021年に1.30となった。この数字が約2.1を下回ると、人口は自然に減少していくと考えられている。

【少子化の原因】
「結婚して子どもを産むべき」という価値観にこだわらず、生活スタイルが変化したことにより、結婚することや子どもを産むことを選択しない人も増えてきた。また、実際は子どもがほしいと思っていても、育てるためのお金に不安があったり、夫婦だけで育てることに不安があったりと、それぞれが抱える問題は簡単に解決できるものではないんだ。

【高齢化社会】
65歳以上を高齢者とすると、人口の7％以上が高齢者になった社会のことを、「高齢化社会」と言う。また、14％を超えると「高齢社会」、21％を超えると「超高齢社会」と呼ぶ。日本は、2021年に高齢化率29％を超えた。

【高齢化社会の原因】
医療の進歩、食生活や栄養状態、生活環境の改善により、平均寿命がのびた

ことが1つの理由。また、少子化が長く続いていることも原因だよ。1975年に合計特殊出生率は2.0を下回り、長期的に見て人口が減少していく傾向になった。生まれる子どもの数が減れば、当然、その次の世代に生まれる子どもの数も減っていく。64歳以下の人口がだんだん減る一方で、65歳以上の年齢層の平均寿命がのび、人口の中にしめる割合が高くなっていった。

【少子化の課題】

少子化が進むと、世の中の経済を支える年齢層が減り、さまざまな産業がおとろえてしまう可能性がある。世帯の中に働き手の世代がいなくなってしまうと、生活のために節約することが考えられるので、日本経済はどんどんやせ細ってしまう。また、税金のほとんどは労働人口（社会で働いている人口）が納めているので、その人口が減れば、集まる税金が減ることになり、税金でまかなわれているさまざまな社会保障が続けられなくなってしまう。

【少子高齢化の対策】

少子化を防ぐためには、まずは子どもを安心して産むことができる環境作りが大切。たとえば、働く間に子どもを預けられる保育所を増やすことや、孤独な育児をさせない環境作りが求められる。他にも、出産や育児で仕事をあきらめずに済むように、職場に復帰しやすい環境や制度作りも大切。国や自治体からの手当

復帰します！

おかえり〜

また一緒にがんばろう！

おめでと〜！

協力し合える環境ならもどりやすいね！

てなどを充実させ、出産・子育て費用を軽くすることで合計特殊出生率を回復した国もあるが、その費用は税金でまかなうことになる。高齢化社会の対策など他にも課題は多く、簡単に解決できる問題とは言えない。どうすれば安心して出産・子育てをできる社会になるか、世のお母さんだけでなく、みんなで考える必要がある。

さらに、高齢化については、65歳以上になってもそれまでと同じように社会で活躍できるよう、働く期間をのばしたり、経験や知識を生かせる場を増やしたり、年齢にこだわらずに働くことができる社会を目指している。

過去問チャレンジ！

No. 1 2022年度長野市立長野中学校

【問4】 放送委員の豊さんと都さんは、学校紹介のニュース番組の中で、「学校の歴史」を取り上げることにしました。2人は、図書館にある学校の記念誌で調べていたところ、50年ほど前の全校集会の写真（右下）を見つけました。各問いに答えなさい。

豊さん：昔は児童数がとても多かったんだね。今の学校とはずいぶん違う。

都さん：最近、日本全体の人口が減っているというニュースを見たよ。

豊さん：長野市の人口はどうなっているのかな。

長野市立小学校の学校記念誌より

その後、2人はタブレット型端末を使って、長野市の人口に関係する資料を見つけました。

【資料1】市の人口の変化と予測

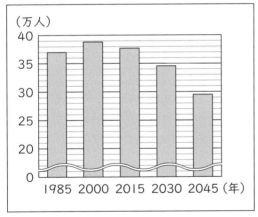

【資料2】市の年齢3区別人口の変化と予測

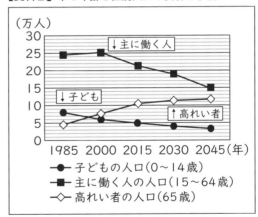

↓主に働く人

↓子ども

↑高れい者

1985 2000 2015 2030 2045（年）

● 子どもの人口（0～14歳）
■ 主に働く人の人口（15～64歳）
◇ 高れい者の人口（65歳）

【資料1、2は、『長野市総合計画』より作成】

【資料3】市の人口減少の主な原因

・生まれる子どもの数が減っている。

・長野新幹線（現在の北陸新幹線）開通や1998年の長野オリンピック終了、長野市内の工場の縮小や移動などのため、東京周辺の地域の大学に進学する人や仕事で県外に引っ越す人が多い。

『長野市人口ビジョン』より

豊さん：【資料1】を見ると、2000年をさかいに₇市全体の人口が減り、その後も減り続ける予測になっているよ。

都さん：【資料2】から、₁子どもと働く世代の人口が減っていることがわかるわ。

豊さん：【資料3】の「人口が減る原因」はいくつかあるけれど、人口減少は、市全体や自分たちの将来にも関係してくると思うから、くわしく調べてみよう。

（1）下線部**ア**について、豊さんは長野市の人口減少の様子を数値で表そうと考えました。人口が最も多かった2000年を約388,000人、2045年を約295,000人とすると、2045年の人口は、2000年より約何人減ることになりますか。また、2045年の人口は、2000年の人口の約何％になるかを整数で答えなさい。

（2）下線部**ア**と**イ**について、都さんは、人口減少によって起こる影響と課題を、下に示した※**ボーン図**を使い、整理しています。**ボーン図**にある例を参考にして、図の⑦～⑦にあなたの考えを書きなさい。

その際、下の ☐ の中の言葉を1つの枠につき1つ以上使って書きなさい。

ただし、一度使った言葉は、他の枠の中で使ってはいけません。

市の税金　工場　買い物　会社　スポーツ　店　生産　売上げ　学校　祭り

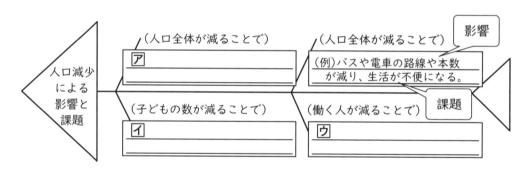

※ボーン図　魚の頭にテーマ、骨の部分に具体例などを書いて内容を説明する時に使う。

ボーン図は初めて見るかもしれないけど、他のみんなも同じだから、落ち着いてね！

4

未来

No. 1

解答

（1）減った人数：93000人　人口の割合：76%

（2）ア　[例] 買い物に来る客が減り、店の売上げが減る。

　　　イ　[例] 学校に通う人が少なくなり、大勢で行うスポーツや行事ができなくなる。

　　　ウ　[例] 会社や店で働く人が減り、労働時間が増えてしまう。

別解例

（2）ア　市の税金が減り、市で必要な物が準備できなくなる。

　　　イ　祭りに参加する人が減り、祭りを続けられなくなる。

　　　ウ　工場の従業員が減り、生産が計画通りにいかなくなる。

解説

（1）388000－295000をすればいいね！　答えは93000人。けたのまちがいに注意しよう。引き算はミスすることが多いので、計算したあとは必ず足し算で検算してね。なお、検算は295＋93＝388になるかチェック！　どの数字も000があるから、取って計算した方がラク！

次は、割合の計算。295000÷388000を計算するときも、共通する000を取ってからしよう。295÷388×100＝76.0…➡整数で答えるよう指示されているので、76%

（2）見慣れない表だけど、落ち着いて取り組もう。どんな影響が考えられて、その結果、どんな課題が起こるかを考えればいいんだね。1つの枠につき1個はキーワードを使うように言われているので、まずは「1個、合いそうな単語を選ぶ」と考えよう。最初から複数使おうとすると混乱するよ。

まず、アは人口全体の話で幅が広過ぎるので、イ（子ども）やウ（働き手）の話から先に決めた方が選びやすそうだね。イは子どもの話なので、学校や祭りを使って、どんな影響があるか、どんなことが起こるか、考えよう。

ウは税金や、工場、会社、店など、働く人がいる場所を選んで考えよう。候補がいくつかあるときは、自分が一番書きやすいものを選べばいい。

最後に、アを考える。たとえばイで学校、ウで税金を使ったら、残った候補の中から、「年齢問わず関係がありそうなもの」を選ぶようにしよう。こういうのは書かないと一向に決まらないので、考え過ぎず、深読みし過ぎず、1つでもできるところから始めてね！

産業を守る

4

日本には、さまざまなお仕事をしている人たちがいる。なかでも第1次産業は担い手が減っていることが問題になっていて、適性検査でもよく出題されるよ。産業を守るために私たちができることを考えよう。

ポイント

【第1次産業】

自然に対して働きかけることで収穫したり、伐採したりする産業で、主に農業や林業、水産業などを指す。

【第2次産業】

第1次産業により集めたものを、加工したり、商品にしたりする産業のことを指す。たとえば、製造業、建設業、工業など。

【第3次産業】

第2次産業により加工・商品化したものを、必要なところに運んだり、販売したりすることを指す。また、情報、教育などの「目に見えないもの」をあつかうサービス業も第3次産業にあたる。第1次産業、第2次産業以外の幅広い業種が対象となり、先進国ほど割合が高く、日本の第3次産業従事者は70%を超えている。

【日本の産業】

　1950年代以降、人々の暮らしは豊かになり、生きるために必要な食べもの以外にもお金を使うようになった。テレビや洗濯機、冷蔵庫、車といった便利なものが登場し、それらを作るための製造業が発展。社会はますます豊かに、多様になった。旅行に行ったり、外食をしたり、コンビニでものを買ったり、塾に通ったり…、お金をはらってさまざまなサービスを受けるようになる。このような社会の変化により第3次産業が発展し、第1次産業、第2次産業以外で働く人が増えていった。

【第1次産業・第2次産業のゆくえ】

　外国との貿易が発達し、世界中からさまざまな品目が輸入できるようになると、国土の広い国が大量生産した農産物や畜産物、木材などに価格で対抗することが難しくなり、国産品は売れなくなってしまった。売れなくなると仕事にならないので、第1次産業は厳しい状況になった。

　また、日本は資源がとぼしいので、海外から原料を輸入し、それを加工して輸出するという加工貿易を行ってきた。しかし、それによって相手の国の産業にダメージをあたえてしまったことから、輸出に制限がかかったり、また製造工場を海外に移したりした。その結果、第2次産業も勢いをなくすことになった。

【今後の産業】

　農業や林業などで働きたい人が減ったり、あとをつぐ人がいなかったりして仕事を続けることができず、農地や山林が放棄されてしまう問題が起きている。農地や山林には水をたくわえ自然災害を防ぐ役割があり、放棄されると、災害が起きたときに大きな被害につながるかもしれない。また、一度放棄されると、元の状態にもどすのは大変な時間と労力がかかる。さらに、日本の生産力が下がり、今以上に輸入にたよらざるを得なくなると、自給率の低下や輸入コストの増加だけでなく、フードマイレージなど輸送時の環境負荷も大きくなる。第1次産業を守ることは他人事ではなく、未来を守るためにも大切な課題なんだ。

国内の第1次産業が
衰退すると…

No.1 2022年度広島県立三次中学校

1　小学校6年生の知子さんは、ゴールデンウィークに家族でキャンプに行きました。キャンプ場では、薪を使って火をおこし、バーベキューをしたり、川遊びをしたりして楽しみました。キャンプを終えて、家に帰った数日後、ある新聞に「薪にするための原木をキャンプ場が買い取ります。」という記事を見つけました。知子さんは、日本の木材について興味がわき、日本の林業について自由研究としてレポートにまとめることにしました。次の資料1～4は、知子さんがインターネットや本で調べたものの一部です。また、次のページは、知子さんが調べた資料を活用して、「日本の林業の現状と課題をふまえた今後について」をテーマにし、まとめたレポートの一部です。

　あなたが知子さんなら、どのようなレポートを完成させますか。私たちが日本産の木材をどのように活用すればよいか考え、資料1～4の日本の林業の現状と課題をふまえながら、レポート中の　　　　　にあてはまる文章を解答用紙に横書きで書きなさい。

資料1　林業の従事者数および高齢化率の推移

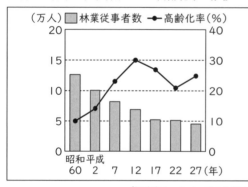

（総務省ホームページより作成）

資料2　木材の日本国内生産量および輸入量の推移

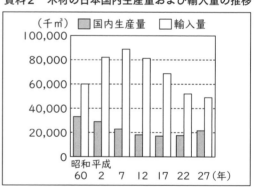

（林野庁ホームページより作成）

資料3　日本産と日本産以外の木材を輸送したときに排出される二酸化炭素の量

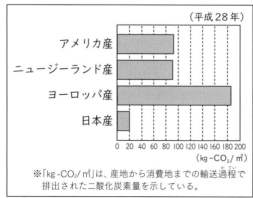

※「kg-CO₂/㎥」は、産地から消費地までの輸送過程で排出された二酸化炭素量を示している。

（一般社団法人ウッドマイルズフォーラムホームページより作成）

資料4　森林のさまざまな機能と日本の森林整備

　我が国の森林は、地球温暖化防止や生物多様性の保全など、さまざまな働きを通じて国民の生活や経済の発展に寄与しています。例えば、樹木の根は土砂や岩石などを抑え、崩れるのを防いでおり、森林によって育まれた土壌は水質の浄化などに役立っています。

　そうした森林を保全するためには、間伐を行う必要があります。間伐とは、樹木の一部を伐採し、残った木の成長をうながす作業です。間伐を行うと、森林が持つ保水力を高め、洪水などの被害の予防に役立ったり、残った木の成長がうながされ、木材としての価値が高まったりします。

（林野庁ホームページより作成）

日本の林業の現状と課題を踏まえた今後について

1　調査のきっかけ

　私は、ゴールデンウィークに家族でキャンプに行きました。その数日後、ある新聞で薪にするための原木をキャンプ場が買い取るという記事を見つけました。原木とは、原料や材料に使う、切り出したままの木のことです。私は、キャンプでバーベキューをしたり、火を囲んで家族と楽しく過ごしたりしたときに使った薪を作っている日本の林業に興味を持ちました。

　また、新型コロナウイルス感染しょうによるえいきょうで、令和2年のはじめは、アメリカにおいて住宅の建築が一時落ちこみましたが、5月から増えていったため、建築用の木材がたくさん必要になり、アメリカ産の木材はん売価格が上しょうしたということをニュースで知りました。そこで、私は、日本に輸入されるアメリカ産の木材が減ると、必要な木材が足りなくなるのではないかと考えました。このことから、日本の林業の現状と課題について調べたいと思いました。

2　日本の林業の現状と課題をふまえた日本産の木材を活用するためのアイデア

　私は、日本の林業についてインターネットや本で調べました。そして、日本の林業についての現状と課題をふまえ、日本産の木材を活用するためのアイデアを次のように考えました。

3　まとめ

　日本の林業には、様々な課題があることが分かりました。一方で、林業が果たすべき役割も多様であることが分かりました。色々と調べていく中で、自分たちが身近にできる取組を考え、実行していく必要があると思いました。

過去問チャレンジ解説

解答

[例] 資料1を見ると、近年では、林業従事者数は横ばいで、高齢化率も平成27年は増加したものの、約3割になった平成12年と比べると減少しつつあります。これは、林業で新たに働く若い人が少しずつ増えてきたためだと思われます。また、資料2を見ると、近年では、輸入される木材の量が減る一方で、国内生産量が少しずつ増えています。これにより、資料3にある、外国からの木材を輸送したときに排出される二酸化炭素の量も減ってきていると考えられます。つまり林業従事者の高齢化率を下げることと国内生産量を増やすことが、資料4にあるような森林の働きを守ることにつながっていきます。そこで私は、国産の木材のよさを、国内だけでなく日本に近い国々にも伝えていくとよいと考えました。日本産の木材の需要が増えれば、多くの若い人が林業で生活していくことができ、林業の活性化と森林の保全にもつながると思います。

解説

「現状と課題をふまえ」とあるので、どんな現状があり、どんな課題があるか説明したうえで、日本産の木材の活用アイデアを書かないといけない。

```
          輸入する量 → 輸送コスト
          を減らせる    (費用、環境への
                       負担、人手…)を
  国産                  減らせる
  国内の
  林業を守る  日本の森林 → 放置されることなく、
  ことで…    を守ること    森林の働き(緑のダム)
            ができる      により多様性を守り、
                         災害の被害もおさえられる
```

資料同士のつながりにも注目しよう。林業で働く人は減っているけど、その減り方はおだやかになり、17年以降は横ばいになっている。高齢化率も最後の年に増えているけど、30%をピークに平成12年以降は下がっている。また、輸入量もじょじょに減っていることから、輸送にかかる二酸化炭素も減っていると予測できる。森林には重要な効果があるので、林業従事者の減少や高齢化を食い止め、働き手を増やし、森林を保全することが今後の課題。

では、働き手を増やすためにはどうしたらいいだろうか。やはり、安定した収入を得られることが大切。そのためには、国産木材の魅力を広く伝え、必要とされる量を増やさなければいけない。解答では日本に近い国々への輸出というアイデアを出しているけど、国産の木材を使う大切さを訴え、国産木材で作られた建築のよさを広めるなど、国内使用量を増やす話で考えてもいいよ。たとえば、国産の木材は高温多湿な気候で育ってきたので、国内で建築用木材として使用したときに外国産木材と比べると変形しづらく、美しい状態で長く安全に使用できるというよさがあるよ。

5 ※食糧（食料）問題

※食糧…米・麦などの主食のこと　食料…広い意味で、食べ物

　日本では、賞味期限切れや食べ残しなどによるフードロスが大量に出ている一方で、世界では栄養不足人口が約10％も存在すると言われている。また、輸入にたよる割合が高い私たちの食事は、世界の国々との関係変化によって輸入しづらくなったり値上がりしたりと、不安定な状況。出題が多いジャンルなので、しっかりおさえておこう。

✦✦ ポイント ✦✦

【世界の食糧事情】

　世界では8億人以上が、長期間にわたる栄養不足によって飢餓状態になっていると言われている。これは、全世界で見ると10人に1人が、十分に食糧を得られず飢えに苦しんでいることになる。世界で生産されている食料は、世界中の人々が食べるのに十分な量のはずなのに、生産された食料が行きわたる先にはかたよりがある。余った食材を日々大量に廃棄する国もある一方で、栄養不良で亡くなっている子どもが大勢いる地域もある。世界の人口は2050年には今より20億人も増えると考えられているため、世界の食糧問題について真剣に考える必要があるんだ。

【日本のフードロス（食品ロス）】

　食べられるのに捨てられる食品のことを、フードロス（食品ロス）と言う。日本のフードロスは少し改善されつつあるけど、それでも年間500万トン以上廃棄していることになる。そのうち、家庭から出るフードロスはおよそ250万トン。日本は大切な資源である食料を世界からたくさん輸入しているので、ムダにせず消費することが求められる。また、フードロスは水分量も多いので、廃棄するときの輸送時や焼却時に環境に負担をあたえてしまうおそれもある。

フードロスそのものを減らすだけでなく、生ゴミはきっちり水切りして出すことも大切！

生ゴミは水分量が多い…

重いものを運ぶときは、より多くのエネルギーが必要。そのエネルギーを作るときに二酸化炭素を出す

水分量が多いと、焼却に時間がかかる。燃焼時に多くの二酸化炭素を出す

【日本におけるフードロス対策】

日本は2030年度までに、2000年と比較してフードロスを半分にする目標を立てている。みんなもコンビニやレストランで、「てまえどり」のチラシや、食べ残しを防ぐポスターを見たことがないかな？

家庭でできることの一例として、次のようなものがあるよ。

- 外食では食べられる量だけ注文し、食べ切れない場合は、容器に入れてもらって持ち帰る
- 買い物をする前に、家にある食材を再確認して買い過ぎを防ぐ
- 期限が近いものから消費し、期限切れによる廃棄を防ぐ

【日本の食料自給率】

国の中で消費される食料のうち、国内産でまかなわれている割合のこと。日本の自給率は昭和から平成にかけて、だんだん減少していたけど、2000年代からは横ばい状態が続いている。

食料自給率は、①生産額（金額で計算する方法）と、②重さ（重量ベースで計算する方法）、③カロリー（1日に口にする食べ物のカロリーのうち何％が国産のものかで計算する方法）がある。何を基準として計算するかによって％は大きく変わるので、細かく覚える必要はないけど、だいたいの傾向は知っておこう。米や鶏卵はほぼ自給できているけど、小麦や大豆、果物は輸入にたよっている割合が高いよ。

【自給率計算の課題】

たとえば、日々の食事によく使われる鶏肉について考えてみよう。鶏肉の自給率は64％（令和元年度・重量ベース）で、国内で必要な量のおよそ3分の2を国産でまかなえていることになる。でも、鶏肉1kgを生産するのに必要な穀物は、とうもろこしで計算すると、およそ4kg必要と言われている。森林が多く、農地が国内の1割しかない日本ではすべての飼料を生産することはできず、輸入飼料にたよっている。国内で生産された鶏肉だとしても、その飼育のために大量の飼料を輸入しているとしたら、なんだかおかしな話になってしまうよね。そのため、輸入飼料を使った畜産物は国産と認めず、飼料自給率を反映した自給率を出すという考え方がある。飼料自給率を反映させると、鶏肉の自給率はたったの8％になる。

でも、畜産農家の人たちにとっては、どうだろう。国内で必要な量を生産するために日ごろから一生懸命働いている人にしたら、「国産飼料を使っていないなら自給率は8％」と言われると、ガッカリしてしまうよね。だから、輸入飼料かどうかに関わらず、国内で生産したものは国産として考え、飼料自給率を反映させない計算方法で考えよう、という新たな議論が生まれているんだ。

それが、「食料国産率」。

　ただ、これにも問題がある。自給率がこれまでより高く計算されてしまうので、「自給率を改善しよう」という取り組みに勢いがなくなってしまったり、その数字を見た人が「自給率が改善したのだ」と混乱してしまったりするおそれがある。また、輸入飼料にたよっているという危機感がうすれてしまうことにもなりかねない。

　複数の計算方法があることで余計な混乱を招かないようにしながら、かつ自給率について正確に把握し、改善していかないといけないね。

▶鶏卵の自給率、どっちが正しいの？

私に言われましても…

重量ベース
97%

飼料自給をふまえた
カロリーベース13%

基準が異なるだけで、どちらも「正解」。
でも、計算方法が複数あるとややこしいね…。

過去問チャレンジ！

No. 1 2022年度長崎県共通問題

あんりさんたちのグループは、本来食べられるはずのものが捨てられてしまう食品ロスの問題に注目し、スーパーマーケットに来て調べています。

あんり 「野菜コーナーをよく見てみると、キャベツが1玉のものだけでなく、半分や4等分に切ったものも売られているよ。」

はるま 「たまねぎも、1ふくろ3個入りのものと、1個ずつのものがあるよ。どうして同じ野菜なのに、売り方がちがうのかな。」

ももか 「わたしたちが [   ] ようにするためではないかな。」

あんり 「そのような買い方をすると、家庭での食品ロスを減らすことができるね。」

問題3 [   ] にはどのような言葉が入るでしょうか。あなたの考えを書きなさい。

あんりさんたちは、別の売り場を見ています。

はるま 「乳製品のコーナーには、たくさんの牛乳が並べてあるよ。」

ももか 「売り場の横には、**ポスター**がはられているよ。」

あんり 「手前に置かれているものを買うことが、どうして食品ロスを減らすことにつながるのかな。」

ポスター

手前から買う
も立派な貢献。
一緒に食品ロスを減らすことに
取り組みましょう。

（農林水産省の啓発ポスターをもとに作成）

はるま 「わかった。同じ商品でも、手前から順に [**ウ**] ものが置かれているね。だから、わたしたちが手前から買うと、お店では

[**エ**   ]

ことになるからではないかな。」

ももか 「わたしたちの買い方で、お店での食品ロスも減らすことができるね。」

あんり 「持続可能な社会にしていくためには、買う側の責任を考えることも大切なのだね。」

問題4 [**ウ**]、[**エ**] にはそれぞれどのような言葉が入るでしょうか。あなたの考えを書きなさい。

No. 1

解答

問題3：必要な量だけを買うことができる

問題4：ウ　賞味（消費）期限が近い

　　　　エ　賞味（消費）期限が過ぎて、捨てられてしまうものが減る

解説

スーパーの野菜売り場で、ばら売りの野菜を見たことがある人もいるよね。最近は、お惣菜コーナーでも1人分だけの小さなパックも売っているよ。この工夫により、1人暮らしの人や、あまりたくさんは必要ない世帯でも、家庭に合った必要な量だけ買うことができるようになった。でも、ばら売りにすることによって、その分、割高になったり、必要な容器・包装が増えてゴミになったりするというデメリットもあるよ。

「てまえどり」は、最近、コンビニでも推奨されているよ。商品は新しいものを奥から並べるので、基本的には奥にあるものほど賞味・消費期限によゆうがあることになる。手前から取るよう心がければ、期限切れでお店が廃棄しなければいけない量を減らすことができるね。

ただし、手前の方から取ったからといって、期限内に使い切れずに家庭で廃棄してしまったら本末転倒だよ。いつ、どのくらい使うかをきちんと計算して、使い切れる期限内のものを買うようにしよう。

✏️ ワンポイント

・**賞味期限**…いたみにくい食品に使われる。品質が保たれ、おいしく食べることのできる期間。　← 開封前に限る

・**消費期限**…いたみやすい食品に使われる。安全に食べられる期間。　表示されている保存方法を守った場合に限る

賞味期限の例

消費期限の例

情報社会

今の生活に、インターネットは欠かせない。みんなも、動画を見て勉強したり、パソコンで調べものをしたり、さまざまな方法で利用しているよね。情報社会の発展によって社会はますますグローバル化し、コンピューターやネットワークでいつでもどこでも情報にアクセスできるようになった。その一方で、SNSのトラブルや、インターネットの依存症など、現代ならではの課題も生まれている。

✦ ✨ ポイント ✦✧

【情報通信インフラ】

今の情報社会を支えるコンピューターやネットワーク全体を指す言葉。スマートフォンやタブレットが普及し、インターネット技術が発展したことにより、世界中の人とやり取りをすることができるようになった。このように情報通信インフラは今の世界に欠かせないけど、これもたった30年ほどの間に起こった進化なんだ。

インターネットは通信以外にも、緊急地震速報や、災害時の多言語速報、オンライン診療など、さまざまな場面で利用されている。さらに、情報ネットワークと流通ネットワークの両方が発展したことにより、遠く離れたところの商品をクリック1つで購入でき、その商品が数日で届くという便利な社会になっている。

【通信手段】

かつては、通信手段と言えば手紙や電報が主流だった。この特徴は、「一方通行」であるという点。でも、130年ほど前に日本でも電話が使われるようになり、「双方向」のやり取りができるようになった。さらに、パソコンを使ったメールや、携帯電話が利用されるようになり、今ではスマートフォンやタブレットという、パソコンのようにたくさんの機能を持つ機器が登場し、日常的に使われている。

このように通信手段はどんどん手軽さと便利さを獲得し、急速に変化してきた。携帯電話の普及により固定電話や公衆電話の数は減り、また手紙ではなくメールやSNSを使ったメッセージのやり取りを利用する人が増えた。

【情報社会の課題】

急速に発展したからこそ、インターネットにはかつての社会になかった課題が生まれている。

- **個人情報の問題**…個人だけでなく、自治体や学校、企業、病院、国…さまざまなところで個人情報をあつかっている。ハッカーによる個人情報の抜き出しや、ウイルスによる破壊などが問題になっている。また、パスワードをいい加減にあつかったことによって情報がろうえいしてしまうこともある。

- **情報の不正確さの問題**…匿名で気軽に投稿できることから、誤った情報を意図的かどうかに関わらず流してしまったり、それに気づかず拡散してしまったりする問題がある。特に災害時など、フェイクニュースと呼ばれるウソの情報で大勢が混乱してしまうケースがあった。調べ学習などでインターネットを使うときは、だれが書いた記事なのか、本当に正しいのかなど、他の資料も使いながら慎重にあつかう必要があるよ。

- **著作権の問題**…画像や音楽、文章、動画など、すべてのものには著作権が存在する。これを無視して、勝手にダウンロードしたり、広めたりしたりするのは違法になる。気軽に利用できるからこそ、1人ひとりが責任を持って利用し、無断で転用しているものを見つけたら利用せず、大人に知らせるようにしよう。

- **依存症の問題**…スマートフォン、タブレットの普及にともなって、常に使用していないと落ち着かない「ネット依存」が世界中で問題になっている。日本でも学生によるインターネットの使い過ぎは問題になっていて、小・中・高と学年が上がるにつれ、利用時間が増えている。それにより、イライラしたり、成績が下がったりという結果も出ている。オンラインゲームやSNSなど、友達同士で気軽に交流できるからこそ、きちんとルールを決めて、リアルな経験や交流を大切にしよう。

2000年ごろは…

電源オン！

起動に何分もかかる…

電話と同じ回線なので、PCをつけると電話が切れる

ちょっと！電話切れたよ！

サイトを作れるのはごく一部の人だけ（だいたい文字だけ）

私の日記

過去問チャレンジ！

③ りくさんたちの学級では、情報化と私たちのくらしについて話し合いました。次の【会話】を読み、下の問1～4に答えなさい。

【会話】

> **りく**：今日は、「情報化と私たちのくらし」というテーマについて考えましょう。
>
> **はる**：情報という言葉を聞いて、私は先日テレビで見た、災害にあってひ難所で生活する人たちの姿を思い出しました。①災害時には正確な情報が重要です。
>
> **あき**：私たちが情報を得る手段には、いろいろなものがありますね。その中でも、最近では②インターネットを利用する人がとても多いと思います。
>
> **かい**：インターネットは、ほしい情報をすぐに手に入れられるから、たいへん便利ですね。調べ学習のときには、ついインターネットにたよってしまいます。でも、インターネットだけだと、かたよった情報になる場合もあるので、他のさまざまな手段も使って調べることが大切だと教えてもらいました。
>
> **はる**：インターネットは、情報を受け取るときも、③自分が情報を発信するときも、いろいろと気をつけなければならないことがありそうですね。
>
> **あき**：確かにそうですね。それにしても、④情報化にかかわる技術は今、どんどん進化しているでしょう。たくさんの情報を高速でやり取りできるようになったり、便利なアプリが次々に開発されて、医りょうや教育などさまざまな分野で活用されたりして、これからどのように発展していくのか、とても楽しみです。
>
> **りく**：では、情報化が進むにつれて変化する未来の生活について、それぞれ想像したことを出し合ってみましょう。

（注）アプリ…パソコンやスマートフォンなどにおいて、目的に応じて使う専用プログラムやソフトウェアのこと。

問1 【会話】中の下線部①に「災害時には正確な情報が重要です」とありますが、次の【表】は、災害時の情報伝達手段について特ちょうをまとめたものです。【表】中のA～Dは、スマートフォン、テレビ、ラジオ、新聞のいずれかを表しています。A～Dは何か、それぞれ書きなさい。

4

未来

【表】

	特ちょう
A	持ち運びできる。くわしい情報を得られることが多い。くり返し確認できる。一般的に情報がおそく、ひ災地だと入手できないことがある。
B	持ち運びできる。文字でも映像・音声でも、求める情報がすぐに得られる。自分が情報を発信することもできる。電池が切れると使えない。災害直後は利用できないことがある。
C	一般的に持ち運びできる。情報がはやく得られる。災害時でも情報を得やすい。電池が切れると使えない。音声でしか情報を得られない。
D	映像と音声でわかりやすく情報を知らせてくれる。情報がはやく得られる。持ち運びできないものが多く、停電時には使えない。

問2 【会話】中の下線部②に「インターネットを利用する人がとても多い」とありますが、次の【資料1】は、2019年における男女別、年れい層別のインターネット利用率を表したものです。【資料1】から読み取れることとして正しいものを、下のア～エから一つ選び、その記号を書きなさい。

【資料1】男女別、年れい層別のインターネット利用率（2019年）

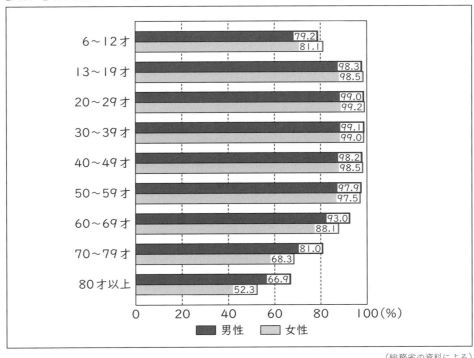

（総務省の資料による）

ア 最も利用率が低い年れい層は、男性も女性も6～12才である。

イ 49才以下では、すべての年れい層で男性よりも女性の方が利用率が高い。

ウ 20才から69才では、すべての年れい層で男性も女性も利用率が90％以上である。

エ 50才以上では、年れい層が高くなるにつれて男性と女性の利用率の差が大きくなる。

問3 【会話】中の下線部③に「自分が情報を発信するとき」とありますが、次の【資料2】は、2020年における中学生のインターネットの利用時間についての調査結果を表したものであり、【資料3】は、2020年における中学生のインターネットの利用内容についての調査結果を表したものです。あなたは、インターネットを使って情報を発信するとき、どのようなことに気をつける必要があると考えますか。「個人の尊重」「個人情報」「著作権」のうち、いずれかに関係することで、あなたが気をつけなければならないと考えることを、そのように考える理由もふくめて書きなさい。

【資料2】中学生のインターネットの利用時間についての調査結果（2020年）

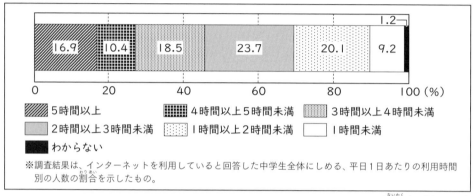

5時間以上　4時間以上5時間未満　3時間以上4時間未満
2時間以上3時間未満　1時間以上2時間未満　1時間未満
わからない

※調査結果は、インターネットを利用していると回答した中学生全体にしめる、平日1日あたりの利用時間別の人数の割合を示したもの。

（内閣府の資料による）

【資料3】中学生のインターネットの利用内容についての調査結果（2020年）

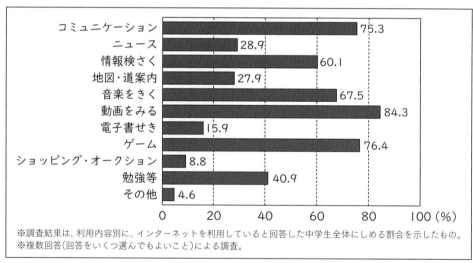

※調査結果は、利用内容別に、インターネットを利用していると回答した中学生全体にしめる割合を示したもの。
※複数回答（回答をいくつ選んでもよいこと）による調査。

（内閣府の資料より作成）

問4 【会話】中の下線部④に「情報化にかかわる技術」とありますが、あなたは今後、情報化にかかわる技術がどのように進化することを期待しますか。あなたが期待する情報化にかかわる技術はどのようなものであるかを示したうえで、それをどのように活用したいと考えるかを、**80字**以上**100字**以内で書きなさい。

過去問チャレンジ解説

No. 1

解答

問1　A：新聞　　B：スマートフォン　　C：ラジオ　　D：テレビ

問2　エ

問3　[例] 悪口やうわさ話は、人を傷つけるし、犯罪になることもあるので、書きこまないようにする。

問4　[例] スマートフォンにふれるだけで、その人の体調がすべて読み取れる技術を期待する。それを活用して、地方に住む人と総合病院で情報のやり取りができるようにして、どこにいても安心して暮らせる社会をつくりたい。

(98字)

別解例

問3　• 犯罪にまきこまれる可能性があるので、個人が特定される情報は、むやみに発信しないようにする。

　　• 作者の著作権をおかすことになるので、他人の作品を無断で使うことはしないようにする。

解説

問1　Aは「くり返し確認できる」と言っていることから、何度も読み返せる新聞だとわかる。B、Cはどちらも持ち運びができるけど、Bは映像や音声も見れるのに対し、Cは音声のみなのでBがスマートフォン、Cがラジオだとわかる。残ったDはテレビだけど、念のため確認すると、持ち運びに適していないことから、テレビでまちがいないとわかるね。

問2　ア　最も利用率が低い年代は、80才以上なので、×
　　　イ　30〜39才は、男性の方が高いので、×
　　　ウ　60〜69才の女性は、90%を下回っているので、×
　　　エ　50才以降は、男性と女性の差がだんだん広がっているので、○

問3　まず資料2を見ると、インターネットを利用している中学生のうち、2時間以上利用している人が半分以上だとわかるよ。さらに、資料3を見ると、コミュニケーションに使ったり、音楽や動画を楽しんだりしている割合が高いことがわかるね。今回はあくまでも「発信」する立場で気をつけることなので、自分がインターネット上で誰かと関わるときや、情報を公開するときに

起こりそうな問題を考えよう。自分だけに関する問題点は、「発信」は関係ないので書かないこと。たとえば、「ゲームをする時間を長くとり過ぎないようにする」といった答えは×になるよ。

問4 下線部のすぐあとに、「たくさんの情報を高速で…」「医療や教育など…」と答えるべき内容が誘導されているよ。これを無視して完全オリジナルで考えてしまうと、「ちゃんと文章読んでいるのかな？」と疑問を与えてしまうから、下線部周辺は特によく読むようにしよう。

解答例は医療で作っているけど、教育で作るとしたら、「海外の暮らしについて、実際に歩いているように見学して学ぶことのできるオンラインの技術に期待する。海外のことも身近に感じることで多様な価値観を学び、ちがいを受け入れられる平和な社会の実現に役立てたい。」というような内容でもいいね！

このようなアイデアを出す問題は、「もうすでにある技術かなぁ？」という心配は考えないようにすること！　ざんしんな新発見を求めているわけではなく、ふだんから社会に関心を持っているかどうかを試そうとしているんだ。また、「実際にこんな技術があれば素敵だけど、活用したいかと聞かれると無理かも…」という消極的な姿勢も絶対に出さないこと。解答例のように、堂々と宣言して自信があることを（自信がなくても）伝えよう。

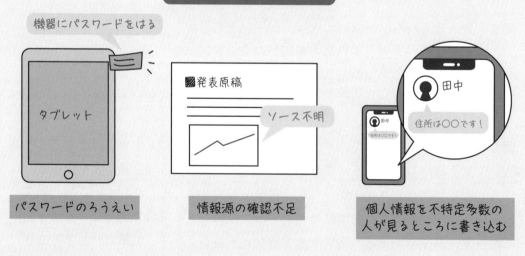

＼絶対ダメ！／

見かけたら教えてあげてね

機器にパスワードをはる

タブレット

パスワードのろうえい

■発表原稿
ソース不明

情報源の確認不足

田中
田中
住所は〇〇です！

個人情報を不特定多数の人が見るところに書き込む

4
未来

「見たことある！」を増やそう

公立中高一貫校
適性検査対策シリーズ第1弾

合格力アップ！
公立中高一貫校
頻出ジャンル別はじめての適性検査
「算数分野」問題集

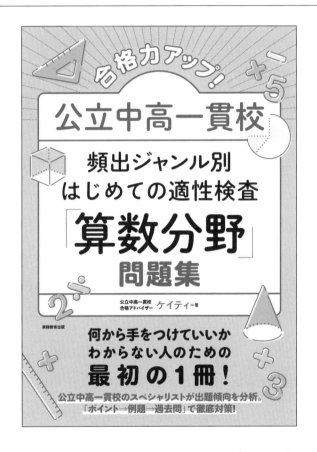

**公立中高一貫校のスペシャリストが出題傾向を分析。
「ポイント→例題→過去問」で徹底対策!**

ケイティ 著

定価1870円　ISBN978-4-7889-0925-0

実務教育出版の本

ケイティ

公立中高一貫校合格アドバイザー。1988年兵庫県生まれ。適性検査対策の情報を配信する「ケイティサロン」主宰。法政大学在学中に早稲田アカデミー講師として活動する中で、中学受験で親子関係が壊れていくケースや、進学後に燃え尽きて成績が低迷し、"進学校の深海魚"となるケースを多々見てきたことから、「合格をゴールにしないこと」を強く意識する。公立中高一貫校の黎明期である2007年からの講師経験を活かして対策範囲を全国に広げ、「ケイティサロン」には北海道から沖縄までメンバーが集まっている。1期生約180名、2期生約270名が卒業し、北は仙台二華から、南は沖縄開邦まで合格者を輩出。さらに1期、2期ともに都立の中高一貫校すべてにメンバーを送り出している。狭き門にも心を折られず、「受検してよかった」と笑顔で本番を終えられるよう、公立中高一貫校に挑む親子を日々サポートしている。著書に『公立中高一貫校 頻出ジャンル別はじめての適性検査「算数分野」問題集』『公立中高一貫校合格バイブル』（実務教育出版）がある。

• 【適性検査対策！】ケイティの公立中高一貫校攻略ブログ
 http://katy-tekiseikensa.net/

• ケイティサロン（公立中高一貫校合格を目指す情報共有サロン）
 https://lounge.dmm.com/detail/2380/

装丁：山田和寛＋佐々木英子（nipponia）
本文デザイン：佐藤 純（アスラン編集スタジオ）
イラスト：吉村堂（アスラン編集スタジオ）

合格力アップ！
公立中高一貫校
頻出ジャンル別はじめての適性検査
「社会分野」問題集

2023年 4月10日　初版第1刷発行

著　者　ケイティ
発行者　小山隆之
発行所　株式会社 実務教育出版
　　　　〒163-8671　東京都新宿区新宿1-1-12
　　　　電話　03-3355-1812（編集）　03-3355-1951（販売）
　　　　振替　00160-0-78270

印刷／壮光舎印刷株式会社　　製本／東京美術紙工協業組合

合格力アップ！

公立中高一貫校
頻出ジャンル別はじめての適性検査
「社会分野」問題集

例題
&
過去問チャレンジ
解答欄

実務教育出版

※取り外して、ご使用ください

第1章 さまざまな資料

1. 資料を攻略しよう！

No. 1

○を付けましょう	合っている ・ 合っていない
計算	

No. 2

ア	イ	ウ

2. 特殊なグラフ

No. 1

地域	
理由	

No. 2

第2章　暮らし

1．身近な地域と暮らし

No. I

を提案します。
実現すると、　　　　　　　　　　　　　効果が期待できます。

No.2

①
②

No.3

ショッピングモールには、　　　　　　　　　　　　　という良さ
ありますが、商店街には、　　　　　　　　　　　　　という良さ
があります。これをふまえ、商店街が活気を取り戻すための取り組みを3つ提案します。
①
②
③

2．伝統を守る

No. I

伝統
説明
取り組み

No.2

3

3. さまざまな仕事

No. 1

①	
②	
③	

No. 2

①	
②	

4. 税と暮らし

No. 1

①	②
③	④

No. 2

4

第3章 生産とネットワーク

1. 日本の農業

No. 1

[空欄]

No. 2

[空欄]

2. 日本の漁業・水産業

No. 1

[空欄]

No. 2

【つくり育てる漁業の種類】

①	
②	

【利点】

①	
②	

3. 運輸

No.1

No.2

①	②
③	④
⑤	

No.3

鉄道は、 のに適している。
また、他の輸送方法と比べ、 という利点がある。

4. 貿易

No.1

①
②

No.2

①	②
③	④
⑤	⑥
⑦	⑧

5．日本と世界の関わり

No. 1

第1章 さまざまな資料

1．資料を攻略しよう！

No. 1 2021年度福山市立福山中学校

選んだグラフの記号	
[理由]	

No. 2 2021年度徳島県共通問題

ア	イ	ウ	エ

2．特殊なグラフ

No. 1 2022年度東京都立富士高等学校附属中学校

タンパク質をとった割合がおよそ [　　　　] ポイント（増加し・減少し）、

脂質をとった割合がおよそ [　　　　] ポイント（増加し・減少し）、

炭水化物をとった割合がおよそ [　　　　] ポイント（増加した・減少した）。

No. 2 2022年度さいたま市立大宮国際中等教育学校

（1）		（2）	

第2章　暮らし

1．身近な地域と暮らし

No. 1　2021年度千葉県共通問題

きはだ 地区		まそほ 地区		あさぎ 地区	
あおに 地区		こうろ 地区			

No.2　2022年度東京都共同作成問題

〔サケのルイベ〕

〔マアジのひもの〕

〔ブリのかぶらずし〕

2．伝統を守る

No. 1　2022年度長野市立長野中学校

（1）	
（2）	
（3）	

30

3. さまざまな仕事

No. 1 2021年度山形県立東桜学館中学校

No. 1 2021年度茨城県共通問題

100

120

4. 税と暮らし

No. 1 2022年度広島市立広島中等教育学校

No. 2 2022年度埼玉県立伊奈学園中学校

第3章　生産とネットワーク

1．日本の農業

No.1 2022年度福島県共通問題

①	
②	生産だけではなく、

No.2 2022年度岩手県立一関第一高等学校附属中学校

（1）	戸
（2）	ア　　イ　　ウ　　エ

2．日本の漁業・水産業

No.1 2022年度滋賀県共通問題

（1）	
（2）	
（3）	

3．運輸

No.1 2022年度さいたま市立大宮国際中等教育学校

4．貿易

No.1 2022年度大阪府立富田林中学校

No.2 2021年度青森県立三本木高等学校附属中学校

60

問い2	
問い3	

5．日本と世界の関わり

No.1 2022年度奈良市立一条高等学校附属中学校

原稿用紙は横書きで使用します。

160

200

No.2 2022年度茨城県共通問題

問題1		
問題2	津波が	
問題3		

第4章　未来

1．温暖化

No. I 2022年度福井県立高志中学校

(1)	
(2)	
(3)	

13

2．循環型社会

No. 1 2022年度宮城県古川黎明中学校

（1）	
（2）	あ い
（3）	

3．少子高齢化

No. 1 2022年度長野市立長野中学校

（1）	減った 人数	約　　　　　人	人口の割合	約　　　　　％	
（2）	ア				
	イ				
	ウ				

4．産業を守る

No. 1 2022年度広島県立三次中学校

□
⟶ 書き始め

5．食糧（食料）問題

No. 1 2022年度長崎県共通問題

問題3		
問題4	ウ	
	エ	

15

6. 情報社会

問1	A	
	B	
	C	
	D	
問2		
問3		
問4		